プロ秘書だけが知っている永田町の秘密

畠山宏一

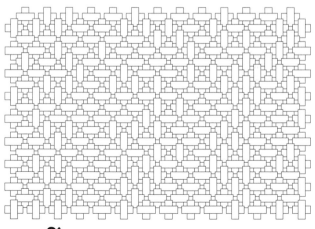

講談社+α《プラスアルファ》文庫

まえがき　議員よ、秘書にも言わせろ！

人間には、表の顔と裏の顔がある。それが当たり前だ。とりわけ国会議員の表と裏の顔の違いは大きい。そして、その国会議員の裏の顔まで知るのは、誰よりも長い時間をともに過ごす秘書をおいて、他にいないだろう。

かつて仕えた議員の奥さんに、こう言われたことがある。

「秘書のあなたにわからないことが、妻の私にわかるわけないじゃない」

議員と秘書の関係は、よく親分子分の関係に喩えられ、「議員が黒と言えば黒、白と言えば白」などと揶揄されることが多い。

しかし、そんなことはない。本の中で綴っていくように、家族以上に強い絆で結ばれて仕事人生を共に歩くのが、議員と秘書の関係だと私は思っている。

私は、現役の国会議員秘書である。日々、永田町の議員会館で仕事をしている。

私が政治と関わるようになったのは、いくつかの偶然と縁があったからだ。初めて政治の世界に触れたのは、高校生の頃、国会議員の政治資金パーティーに親戚から手伝いに呼ばれたときだった。議員会館など、滅多に入ることができないからということで、行ってみることにした。

パーティー当日はスーツを着た大人たちが集まっていて、まわりには自分と同じような学生が、手伝いとして動き回っていた。華やかな賑わいのなかで、なんだかよくわからないままに時間が過ぎたが、それまでまったく縁のなかった世界を目の当たりにして興奮したのを覚えている。

その後、大学生になってからも、私はときどきボランティアとして国会議員の手伝いをするようになった。当時は、貴重な経験だから、その代わりアルバイト代はゼロという時代だった。それでも、代議士が出ている新聞記事を切り取って集めたり、郵便物の封入や発送をしたりするような雑務から始めて、やがて選挙の応援にも駆り出されるようになっていった。パーティーの手伝いに呼ばれ、東京プリンスホテルの鳳凰の間に行って、初めて田中角栄先生の演説を目にしたときは、シビれたものだ。

選挙戦の応援も思い出深い。当時はまだ中選挙区制であり、同じ自民党の候補が互いをつぶしあう選挙戦は、それは激しいものだった。朝五時くらいから起きて、会場の設営や片付けなど、毎日寝ないような日々だった。大変な反面、とても刺激的で、あっという間に時間が過ぎていった。

大学四年になり、就職先を決めかねていた私は、「とりあえず、うちで仕事してみないか」と、ある自民党代議士に誘われ、私設秘書としてキャリアをスタートさせた。

当時は、「将来やりたい仕事が出てきたら、紹介してあげるから」と代議士に言われた記憶もあるが、結局、それから三十年余りが経った。気がつけばずいぶん長く政治の世界に浸かっている。

私が秘書を務めている間に、中選挙区制の時代が終わり、小選挙区制に移行した。政権交代や政治改革など、多くの変化を目にしてきた。

秘書としてこれまで仕えた先生も、衆議院と参議院にそれぞれいるし、元官僚のエリートもいれば、秘書からの叩き上げの人もいる。これまで、自分が仕えた先生が誰一人落選していないというのは、私のひそやかな誇りだ。永田町で働くプロの秘書の一人と言わせていただいてもいいのではないかと思う。

同じ秘書であっても、いずれ国会議員になって国を変えようと思う人間と、秘書として勤め上げようとする人間の二種類に分かれる。

私は後者だったが、それでも、自分なりに今の政治について思うところは少なくない。とくに、私自身の引退が見えてきた今となっては。

ここ数年、国会議員のスキャンダルを毎日のように耳にする。政治とカネの問題、セクハラ、パワハラ、不倫……。いずれも、国会議員の人間性に問題があると言わざるを得ないスキャンダルばかりだ。

もちろん、最初から完璧な人間などいない。私のような秘書にも、何かしらの問題はあるだろう。それでも、彼ら国会議員は、国民から国の舵取りを任せられている人間だ。いくら頭脳明晰で、能力が高いからといって、スキャンダルになるような品位のない行為は、許されないのではないだろうか。

これまで、問題が起きるたび、「政治改革」という旗印を揚げて、さまざまなことが変わり、私たち秘書は、その都度対応に追われてきた。それでも相変わらず国会議員が引き起こす問題は尽きることはない。

本書では、私の目から見た国会議員の言動や実像を、余すことなく書いている。普段の仕事や、選挙といったオフィシャルな部分に限らず、プライベートな話題にも、あえて踏み込んだ。

今の日本を動かしている国会議員が、普段、何を考え、どんな行動をしているのか。国会議員という個人を浮かび上がらせることで、日本の政治が動いていく仕組みを生々しく伝えたいと考えている。そして議員の皆さん、秘書はこんな風に皆さんのことを見ているのですよ！

目次

第五章　裏情報に強い人ほど清廉潔白　議員の情報源

第六章　そのネタ元の九十九%は秘書　議員のスキャンダル

第七章　プロは公示前に決着をつける　議員の選挙

第八章　国会議員に家庭の幸福はない　議員の家族

構成　小林義崇

第一章

秘書は下僕、自分は超天才？　議員の資質

まだまだいる問題議員

信じられないような暴言で世間を騒がせた豊田真由子、未公開株式詐欺や未成年男性への買春疑惑があった武藤貴也、妻の出産入院中の不倫が発覚した宮崎謙介……。すべてここ数年の間に起きた国会議員のスキャンダルだ。彼らは皆、いまや国会議員ではない。ほかにも、何人もの国会議員が、レベルの低いスキャンダルで日々ワイドショーを賑わせている。

資質を疑いたくなるような国会議員が増えていると実感する。次から次へと新たなスキャンダルが出てくるから、つい、「いつものこと」のように感じてしまうが、これは明らかに異常事態だ。

しかも、資質に欠ける国会議員は、表に出ていないだけで、永田町のなかにはまだまだ存在している。秘書へのパワハラやセクハラ、家庭のトラブル、さらには金銭的なものまで、問題の幅は広い。

国会議員には、人並み外れた能力や志が求められる。選挙によって、そうした資質ある人間が選ばれるはずだが、実態は違う。むしろ、場合によっては会社勤めや役所勤めさえも満足にできないような人間が議員になっていることすらある印象だ。

たとえば、キャリア官僚出身の国会議員。たしかに彼らはエリートだ。東大出身者も多い。ところが、実は彼らのなかには「出世する見込みがないから政治家になった」に過ぎない人物も混じっている。

役所というところは、ある程度の年齢でその後の出世が決まってしまう。将来のポストが見えてくると、同期に比べて出世する見込みがないこともわかってくるから、そこで考え始めるのが、「国会議員になる」ということだ。議員にさえなれば、一発逆転できると思うのだろうか。

出世の道が断たれて国会議員に

ある代議士について書こう。仮にA先生とする。

A先生は、ある省庁に勤めるキャリア官僚だったが、あるとき大臣秘書官に任命された。厚生労働大臣や防衛大臣といった国務大臣には、それぞれの省庁の役人が大臣秘書官として任命される。大臣秘書官に任命されるのは、省庁のなかでも出世コースの人間だ。

つまり、A先生は〝その時点では〟出世コースに乗っていたということだ。いずれ秘書官の任を終えれば、省の課長として役所に戻り、官僚のなかでもトップである事務次官のポストを目指す。そんなキャリアも夢ではない位置につけていたはずだ。

A先生の経歴を聞いた私が最初に感じたのは、「なぜ国会議員に？」という疑問だった。さきほど書いたとおり、官僚出身の国会議員には出世が叶わなかった人間がいるというイメージを持っていたからだ。

どうしても気になった私は、リサーチをはじめた。選挙区である地元での評判を聞き、A先生がいた役所のつてを頼り在職中のことを調査したところ、「なるほど」と納得した。A先生は、大臣秘書官を務めていたときに〝大きなバツ〟をつけられていたのだ。

ことの成り行きはこうだ。A先生は大臣秘書官になった途端、同じ省庁の人間に威張り散らしていたという。後輩はもちろん、役所では上役にあたる人間に対してもだ。官僚のトップとされる事務次官だろうが、局長クラスの官房長だろうが、平気で呼び出して、しかも一分でも遅れると怒鳴りつける。気にくわないことがあれば、

「君、何やってるの？」なんて言い草だったという。

役所というところは上下関係を重んじるため、A先生がそんな態度を取るのは、にわかには信じ難い。役所の人間も驚いたのだろう。「あいつ何様のつもりなんだ」という声が広がりはじめた。

A先生がついていた大臣から見ても、A先生の態度は異常に映っていたようだ。「いつか役所に戻るんだから、もっと考えて行動しなさい」とアドバイスしたこともあったという。

大臣の助言を素直に受け止めておけばよかったものを、A先生の態度は最後まで変わらなかったという。何か大きな勘違いをしていたとしか思えない。

その後、大臣秘書官の任が解けたA先生は、もともといた役所に戻ることになる。予想できることだが、そのときにはもう、A先生は役所の人間からまったく相手にされなくなっていたという。出世の道はすでに閉ざされていたのだ。

おそらく彼は、そのときに、「国会議員になろう」と志したのだろう。それから数年後、自民党の公募に申し込み、議員になった。

これらの経緯を知った私は、「さすがに反省しているだろう」と思っていたが、まるでそんなことはなかった。A先生は国会議員になり、よりいっそう高圧的になっていたのだ。

「なんでオレの秘書官がノンキャリなんだ！」

目下の人間に対する態度ほど、人間性を表すものはない。

A先生は当選後、ある省庁の大臣政務官になった。各省庁の大臣、副大臣、大臣政務官（以下「政務官」）という、いわゆる政務三役に任命されると、各人に秘書官がつくことになる。

大臣や副大臣には、通常、キャリア官僚の秘書官がつくことになっているが、政務官の場合はキャリア（国家公務員採用総合職試験合格者）とは限らない。A先生についた秘書官はたまたまノンキャリ（＝ノンキャリア。おもに国家公務員採用一般職試験合格者）だった。A先生はこれに激怒した。「なんで自分につく秘書官がノンキャリなんだ」と言い出したのだ。いくら説明しても納得しない。

それから、A先生による秘書官いじめが始まった。

A先生自身が過去に大臣秘書官だったときのことを引き合いに出し、「こんなこともできないのか」と、秘書官を叱り飛ばす毎日。恐れをなした秘書官は、A先生の前に出ると怯えるようになる。そんな秘書官に対して、他の人間がいる前でも平気で怒鳴りつけていたようだ。

A先生のように怒鳴らないまでも、陰湿な嫌がらせを言うタイプの代議士もいた。やはり元官僚である。

彼は、かつての同僚を呼びつけて、延々とダメ出しや嫌味を言っていた。同じようなことが何度も続くため、役所の人間は、その代議士のもとには行きたくないとこぼしていた。

国会議員の主な役割は、政策を考えることだ。自分が知らないことがあれば、政策に関連する省庁から役人を呼び説明を受ける「レク」という場を設ける。つまり、議員が役人に〝教えてもらう〟（レクチャーされる）場だ。

本来、国会議員にとって、霞が関の官僚は敵ではない。議員の出自はさまざまであり、知識や経験が乏しい分野も必ずある。そこを専門的なエリートが占める霞が関の官僚にフォローしてもらい、より良い政策をつくっていくことになる。

国会議員としていい仕事をするには、役人ともうまく付き合う必要があると思うのだが、官僚出身議員の一部は、自分の考えを役人に押し付けようとする。まるで「俺のほうこそ霞が関」と言わんばかりだ。

秘書が共有する「ブラック議員リスト」

豊田真由子も、かつては厚生労働省のキャリア官僚だった。

豊田の事務所に関しては、スキャンダルで話題になる前から、秘書仲間の間では「行ってはいけない事務所」として認識されていた。秘書を面接するときから、豊田は高圧的な態度で威嚇し、採用しても、秘書の人格を認めないような発言を重ねパワハラをはたらく……。秘書が長続きせず辞めてしまうのも当然だ。

彼女自身の性格にこそ問題があるのに、怖くて誰も指摘できない。そんなことが続き、秘書に暴言を録音されてスキャンダルにつながった。こうなる前に、いくらでも反省する機会はあったと思うのだが……。

暴言もそうだが、豊田事務所が〝ブラック〟と呼ばれる理由は、「とにかく帰れない」ことにもあった。彼女自身が、毎日一、二時間程度の睡眠時間で、夜中でも何かしらの資料作りをしていたという。当然、秘書も付き合わされることになる。

豊田の事務所にいた秘書と話したことがあるが、「とにかく付き合うことだけ」と諦めた様子だった。というのも、豊田や秘書が寝ずにやっている作業は、「なんのため？」と首を捻《ひね》るものが多かったからだ。

作った資料を使って国会で質問するわけでもないし、政策提案をするわけでもない。豊田が作った資料は、結局何にも活かされていなかったのだ。

挙げ句の果てにはスキャンダルで落選するわけだから、毎日遅くまで付き合い、暴言に耐えてきた秘書は、豊田の落選をどんな気持ちで見ていたのだろう。

こうした、「あの事務所にだけは行ってはいけない」ブラック議員のリストを、私たち秘書は共有している。たとえ仕事にあぶれたとしても、そうした事務所の門は決して叩かない。

田中眞紀子や豊田真由子は、秘書へのパワハラで有名になったが、他にも、女性議員のS先生やI先生などがブラック議員として挙げられる。女性議員の名前がよく挙がるのは、一見穏やかな雰囲気ながら、表裏が激しいからだろうか。

それでも、ブラック議員のもとにも、前任者が辞めるたびに新たな秘書が来る。ほかの秘書と少しでもネットワークがあれば、そんな事務所の門は叩かないはずだから、応募しているのは秘書経験が浅く情報を持たない秘書ということになる。

ただ、実は、秘書のネットワークを使わずともブラックかどうかを調べる方法はある。「国会便覧」を見ればいいのだ。国会便覧とは、毎年二回発刊されている書籍で、衆参の各議員のプロフィールや役職などがまとめられているものだ。一般販売もされている。

国会便覧には、議員ごとに政策秘書や第一秘書、第二秘書の氏名が書かれている。ここが空欄になっていたり、頻繁に氏名が変わっていたりするようであれば要注意ということだ。

実際、平成二十九年八月版（一四二版）の国会便覧を見てみると、豊田真由子の秘書欄は空欄になっている。ちょうど秘書へのパワハラ発言がスキャンダルになっていた直後だ。版を遡《さかのぼ》ると、秘書が頻繁に変わっている様子もわかるだろう。

秘書には不人気「タレント議員」

秘書仲間の間で避けたいと言われているのは、こうしたブラック議員だけではない。意外と「タレント議員」も人気がないのだ。

秘書としてもっとも避けたいのは、「議員が落選する」こと。落選してしまうと、新たな事務所を探さなくてはならないからだ。タレント議員のなかには、一時的な人気で数合わせ的に担ぎ上げられた人間がいて、落ち目になれば落選してしまう。沈むのが目に見えている国会議員の秘書になりたい人間はいないだろう。

しかも、タレント議員は能力や人間性の点からしても、資質に欠けると感じる場合が多い。

おしとやかで華やかなタレント議員。一見すると仕事もやりやすいと感じる。ところが秘書が長続きしない。そんな事例をたくさん見てきた。とくに女性のタレント議員は表裏の違いが激しく、秘書に厳しい人が多いようだ。

そもそも、彼らタレント議員は政治的な思想が党と同じわけではない。国会議員の仕事がどんなものか理解できていないし、秘書を芸能マネージャーと同じだと思っている。元プロレスラーのアントニオ猪木先生など、タレント議員のなかにも長く政治家を続けている先生がいるとはいえ、有名タレントというだけで党の公認を与えるのは、私は反対だ。

ただし、例外もある。元プロレスラーであり、元文部科学大臣の馳浩先生だ。

私も、馳先生のことを最初こそ「元プロレスラーの馳浩」という見方をしていた。ところが、そのはたらきを見聞きしていると、政治家としての資質を十分に備えた人物だと認識を改めた。

考えてみると、アマチュアレスリングでオリンピックまで行き、高校で国語科の先生をやっていたこともある。ポッと出のタレント議員とは違い、実は地道な努力ができる人だったのだ。

感心したのが、馳先生が、いわゆる「雑巾がけ」を徹底してやったところである。新人議員には、やらなくてはならない雑務が多い。ところが、新人のなかには、「他の議員と同じように選挙で選ばれたのに、なぜ自分がそんなことをしなきゃならないんだ」という勘違い議員もいる。党のなかで信頼を得て、よりよい仕事をするためには、そうした雑務は欠かせないことなのだが……。

しかも、馳先生は非常に勉強熱心だった。もともとは得意分野を活かして青少年育成をやりたいという気持ちがあったようだが、選挙区である石川県は、農水関係の知識も必要な土地柄だ。そこで馳先生は、未知の農水分野でも秘書と一緒になって徹底して勉強していた。わからないところは霞が関の役人に聞き、国会の委員会でも専門的な質問をしていた姿が印象的だった。

いつしか、私は馳先生を、「タレント議員」ではなく、「馳浩」というひとりの国会議員として認識するようになっていた。

また、馳先生の奥さんであるタレントの高見恭子さんは、地元の選挙区で、しっかりと先生をサポートし、国会議員の妻の務めを果たしていた。良い妻に恵まれたという意味でも、馳先生はそこらの議員よりも、よほど資質があると思う。

見落とされがちだが、パートナーと良い関係を築くのも、国会議員の資質のひとつだ。

内輪の家庭問題をベラベラ話す議員たち

そこからいくと、最近の国会議員を見ていて気になるのが、「家庭の問題をおおっぴらにしすぎる」ことだ。というのも、昔から家庭の問題は政治生命を左右するものと言われていて、国会議員は皆、周囲に悟られないように努めていたからだ。

議員が離婚するケース自体がきわめて珍しかった。もちろん、実際は冷めきって破綻している夫婦もいたが、表向きは円満を装っていた。いわゆる仮面夫婦だ。

しかし、最近の議員は平気で離婚し、ときには不倫がスキャンダルになることさえある。当選回数が少なく、政治家としての地盤が不安定な新人議員であっても、だ。実際、二〇一七年十月の総選挙に臨んだ金子恵美《めぐみ》は落選している。背景には、公用車を使った保育園送迎に批判が集まったこともあるだろうが、彼女の場合、夫婦関係の問題も少なからず影響したと私は見ている。

金子の夫である宮崎謙介は、育児休暇を取った国会議員として注目を集めていた男だ。そのくせ、妻の金子が出産入院していたスキに不倫をはたらいたことが週刊文春で報じられてスキャンダルとなり、宮崎は謝罪会見を開き議員辞職をした。ワイドショーでも大きく取り上げられたから、記憶する人も多いだろう。

宮崎の議員辞職は当然だが、私が気になっていたのは、このときの金子の対応についてだった。

関係者の話として、金子は、スキャンダルが発覚した宮崎に対し、「恥をかいてきなさい」と告げ、例の謝罪会見に至ったという。この一連のやりとりが報道されたのだ。

当時、マスコミには金子を「器が大きい」と評する向きもあったと記憶しているが、私が違和感を持ったのは、「なぜ、夫婦のプライベートのやりとりがワイドショーで取り上げられたのか」という点だった。

周囲の人間に対して口を閉じていれば、決して表に出るはずのない話だ。そこをベラベラと話したことに、国会議員としての資質を疑ったのだ。

また、架空の未公開株式の取引を持ちかけた疑惑のある武藤貴也は、同時期に未成年男性を買春したというスキャンダルも週刊文春によって世に出た。詐欺疑惑だけでも議員辞職に十分値するが、買春相手を議員宿舎に呼んでいたというから、前代未聞だ。結局彼は二〇一七年十月の選挙に立候補しなかったため、現在は失職している。

同じく、スキャンダルが理由で十月の選挙に出られず、やはり国会議員の身分を失ったのが、中川俊直だ。元官房長官である中川秀直先生の次男で、政務官も務めた人物だが、不倫問題やストーカー行為といった疑惑が大きく報道された。

ここで取り上げた金子恵美、宮崎謙介、武藤貴也、中川俊直の共通点は、安倍晋三総理が国会で首班指名されることになる二〇一二年総選挙で初当選した自民党の「安倍チルドレン」であり、「魔の二回生」とも呼ばれていた面々ということだ。そして全員がいまや国会議員ではない。これだけ同じ時期に問題議員が続くというのは、いくらなんでもひどすぎる。

秘書は「雇ってあげている」使用人？

少し前に遡ると、「小沢ガールズ」や「小泉チルドレン」といった、話題を集める新人議員たちがいた。既存の政治を打破する勢力として期待を集めながら、何の実績もないままに、スキャンダルを起こしては消えていく。何度同じことを繰り返せばいいのだろうか。

問題の原因のひとつには、彼らが「自分の力で国会議員になった」という大きな勘違いをしていることがあると考える。秘書にせよ、支持者にせよ、自分の考えを受け入れるのが当たり前だと思ってしまう。この考えがいき過ぎると、家庭問題であれお金の問題であれ、自分の好きにしていいのだと軽く考えるようになるのだろう。

勘違い議員を見分けるのは、私たち秘書にとっては簡単である。秘書のことを「雇ってあげている」使用人だという態度を示しはじめるからだ。

そんな彼らも、国会議員になった最初の頃だけはおとなしい。右も左もわからないわけだから、先輩議員や秘書の言葉にも素直に耳を傾ける。ただ、人間の性というべきか、国会議員への特別扱いに慣れた途端、態度が変わるのだ。国会議員には金銭的な厚遇があり、周囲の人間からも祭り上げられるようになるからだろう。

ひとつ例を挙げてみよう。国会議員は電車に乗るときに切符を買わなくてもいいことはご存じだろうか。国会議員なら誰でももらえるパスを提示するだけで、いつでも改札を通してもらえるのだ。慣習なのだろう、パスを見た駅員は、議員に向かって敬礼する。乗る車両も当然のようにグリーン車だ。

このような特別扱いが続くと、今どきの国会議員は、「自分が偉くなった」ように感じるらしい。偉い自分だからこそ、特別扱いに値するのだと。

国会議員は「自分の力でなる」ものではなく、「選ばれてなる」ものだと思うが、資質のない人間が国会議員になると、おかしな勘違いをしてしまうようだ。

では、どうしてこれほど問題議員、勘違い議員が増殖したのか。それは公募制度のせいではないかと、私は考えている。

今の時代、「政治家になりたい」と思ったら、やることはシンプルだ。インターネットでどこかの党の公募情報を見て、記載されている手続きを進めていけばいい。期限までに履歴書など書類を提出して審査を受け、何度かの面接をクリアすれば、党の公認候補となれる。やることは一般的な就職活動と何ら変わらない。

なりたい人が議員になるのが公募制度

公募制度が一般的になるまでは、国会議員になるには複雑なルートを辿《たど》る必要があった。そもそも、「自分から手を挙げる」こと自体許されないという空気があった。「私は政治家になりたい」なんてことを言おうものなら、周りから「生意気だ」と言われて潰《つぶ》されてしまうだけだった。

それでは、政治家を志す人間はどうしていたのか。地元の人から信頼を集めて、「私たちの代表として立候補してください」と推挙されるのを待つしかなかったのだ。それでも一旦は、「私では力不足です」と断るのが常識とされた。

私がかつて仕えたH先生は、もともとはある国会議員の秘書だった。その議員が引退するに当たって、H先生の働きぶりを買っていた議員の親族から、後継として推薦されたのだ。それまでH先生は自分から「後継者になりたい」とは絶対に言わなかった。

推薦を受けても、やはりH先生は、「家も貧しいし、兄弟が多くて大変だから」と断ったそうだ。そこを、周りの人間が「俺たちが資金の面倒を見る」と説得し、ようやくH先生は立候補を決断したのだ。

官僚あがりの人間も、今のように簡単に国会議員になっていたわけではない。さきほど、元官僚の国会議員には出世コースを外れた人間が混じっていると書いたが、それは現在のことであり、昔の状況は真逆だった。

これは今でも変わらないが、公務員が国会議員に立候補するためには、役所を辞めなくてはならない。しかも、落選したからといって再び公務員に戻ることはできない。立候補すると、一気に無職になってしまうリスクをかかえるわけだ。役所としても、優秀な人間であれば手放したくないのだから、官僚から国会議員に立候補するのは大変なことだった。

当時は、もし官僚のなかに立候補してもらいたい人間がいれば、党として、本人はもちろん、役所を巻き込んで説得工作に動いた。事務次官や官房長といった省庁のトップの人間に、「うちで彼を推すから、ぜひ役所から出してくれ」と了承を得なくてはならなかったのだ。

役所から了承を取ることができても、最後まで当の本人を説得しきれないケースも少なくなかった。順調に出世コースを歩んでいる人間に、無職になるリスクを背負わせて立候補してもらうわけだから、落選した場合の再就職先まで確保して説得に臨むのが普通だった。

このように、元秘書にせよ、元官僚にせよ、国会議員を志し立候補するまでには、複雑な過程を経ていたから、そのおかげで立候補する人間は国会議員として求められる最低限の素養は身につけていたように思う。本人の覚悟も決まっていた。

今はむしろ、自分から手を挙げて国会議員になっている人間しかいない。公募制度がある限り当然だろう。

世襲議員のほうがよく働く

自民党では、二〇〇四年に公募を本格的に開始した。安倍総理が自民党の幹事長だった頃の話だ。翌年、小泉純一郎総理のもと、郵政解散が行われ、新たな候補者を立てた結果、多数の公募議員が生まれて話題になった。

もちろん、公募にもメリットはある。世襲議員などに固定化されがちな候補者を、広く一般から募ることで、より公正な政治になる意義はあるだろう。

ただ、そうした建前はわかるが、結果として問題のある国会議員を大量生産したことは否めない。小沢ガールズや安倍チルドレンなど、ここ十年ほどの間に問題を起こしてきた国会議員の多くは、公募を経て当選してきた人間だ。

何度かの面接があるとはいえ、公募で人間性まできちんと見抜けるわけがない。「不倫はしていませんか？」「秘書にパワハラしませんか？」なんて聞けるはずもなく、数分の面接で、何がわかるというのだろう。

私は、公募制度のあり方を考え直す必要があると考える。そうしないと同じ問題を、これからも繰り返してしまう。

私の知る自民党の職員は、「公募制度は間違いだった」と認めている。しかし今さらやめるわけにもいかないようだ。もともとは政治の質をあげるという大義で取り入れた公募制度。これをなくしてしまうと、「世襲議員を優遇するのか」という声が出かねない。最近の議員を見ていると、世襲議員のほうがむしろ良い働きをしているわけだから、皮肉なものだ。

資質に欠ける人間が有権者の代表として国会議員になることは、国民にとっての不幸だが、当の議員本人にとっても、いずれは不幸な結果になってしまう。

若い人であれば、落選後に新たな仕事を探さなくてはならない。そうすると、国会議員だった経歴が書かれている履歴書を見せることになる。私なら、そんな面倒な人間は雇わない。いったん落選してしまえば、もう取り返しがつかないのだ。

国会議員として、ひとたび「自分は特別なのだ」と思った人間が、再び一般人に戻って地道な仕事をしていくのは、大変なことだと予想する。ある元国会議員は、落選後の仕事探しに困り、結局議員秘書に雇われることで落ち着いたという。その元議員は、どんな気持ちで日々の仕事をしているのだろうか。

国会議員のバッジをいったん外すと世の中は知らん顔。これは昔から変わることのない現実だ。

第二章　顔で笑って心は「この野郎」議員の出世

まず目指すのは政務官

国会議員には二つの大きな戦いがある。選挙戦と、出世争いだ。目立つのは選挙戦だが、実は出世争いも熾烈《しれつ》なものだ。当選して国会議員になった瞬間から、大臣や総理大臣を目指した戦いがはじまる。

議員の序列には、年齢は無関係。当選回数だけがものをいう。同じ当選回数の議員を「同期」と呼び、当選回数により一回生、二回生という括《くく》り方をされる。同期のなかで、いかに早く出世するかが、将来の明暗をわける。そのため、当選した年によっても出世争いの激しさは変わってくる。たとえば安倍チルドレンと呼ばれる二〇一二年に初当選した議員は数が多いため、その分競争相手も多いということだ。

出世するための登竜門として、若手議員が最初に目指すのが、各省庁の政務官だ。政務官は、一つの省庁に一人だけというわけではない。たとえば外務省であれば、アジア地区担当と北米地区担当など、地区ごとに複数の政務官が任命される。厚生省と労働省が一つになって厚生労働省になったように、もともと複数の省庁に分かれていたところは、政務官も複数だ。

政務官に人気が集まる理由は、将来的に大臣や副大臣も狙える出世コースということもあるが、待遇が特別扱いになる点も見逃せない。若手議員であっても、政務官になることで、政務三役の一人として、それぞれの省庁の役人から任命された秘書官や専属の運転手がつく。政務官になれなかった同期との違いは見た目にも明らかだ。

衆議院議員の場合、早い人なら二回生でも政務官になる。参議院議員であれば、当選後二、三年は必要だ。

目立ってなんぼの大声

政務官など、人気が集まる役職に就くためには、何をおいても〝普段の活動で目立つ〟ことが大切になる。自分から「この役職をやりたい」と明言するのは図々しいとされ、かえって出世が遠のいてしまう。出世するためには、上の議員の目にできるだけ入るように心がけ、ポストに推してもらうのを待つほかない。

まれに二世議員が党の幹部から「君のお父さんには世話になったから」ということ

で抜擢されることもあるが、それはあくまで例外だ。多くの若手議員は、目立つために、「顔を出す」ことと、「声を出す」ことを繰り返す。

とくに重視されるのが、国会議員が毎朝集まって議論をする「部会」(くわしくは第三章)への出席率だ。部会に出席し、たくさん挙手して、大きな声で発表する。とにかく、何回発言できるのかという勝負になる。

部会には秘書も参加できるため、私も何度も参加している。いつも賑やかだ。正直「くだらないな」と思うような幼稚な質問も多いが、若手議員にとっての目的は目立つことだから、なりふり構ってはいられないのだろう。

国会の本会議場では、若手議員は一番前に座席を指定される。若手ほど前という配置なのだ。そして積極的にヤジを飛ばす。無論、目的はここでも目立つためだ。野党の発言に大声でヤジを飛ばせば、「よくやった!」ということになる。とはいえ、あまりに品のないヤジで、かえってひんしゅくを買う先生もいるが……。

こうした地道な取り組みを続けていると、一回生や二回生が、国会の議事進行を促す「議事進行係」に抜擢されることがある。テレビ中継で、「議長ーーー」など独特な節回しで議長に発言を求める若手議員を見たことがないだろうか。あれが議事進行係だ。

昔から、議事進行係も国会議員の出世街道の登竜門だといわれ、狙っている先生は多い。何より、非常に目立つからアピールになる。ただ、この仕事は声が大きくなければ務まらないから、部会や本会議のときに発言が少ないような先生だとダメだ。過去には野田聖子先生も議事進行係を務めていたが、ああいう目立つ先生が選ばれる。

「代理」でも肩書がないよりマシ

政務官の次に国会議員が目指すのは、副大臣や常任委員会の役員だ。同期より早く政務官になれたとしても、その次のポストを巡って争うわけだから、出世争いはいつまでも終わらない。

衆議院と参議院には、内閣委員会や、総務委員会、予算委員会など、十七の常任委員会が設置されている。各委員会には、委員長、理事といった役職があるため、これらの役職の席取り競争がはじまる。

国会議員のポストには限りがある。そのため党内の出世争いは激しくなるが、表立って争うケースはまれだ。多くは水面下で行われている。

とはいえ、議員同士のライバル意識は、秘書の目にも明らかだ。まさに足の引っ張り合いが行われる。陰湿だと思ったのは、政策勉強会に、わざと同期の議員に案内を出さなかった代議士だ。

政策勉強会とは、役人を呼んで政策について検討する場をいう。政策勉強会の意義は、単なる勉強だけではない。役人との関係づくりの上でも重要な機会となる。たとえば政策勉強会を通じて厚生労働省の役人とつながっておけば、厚生労働大臣政務官を目指す上で役に立つ、という具合だ。

そこに同期を呼ばないということは、ライバルが政務官になる芽を摘んでおきたいという意識の現れだと思う。ただし、悪巧みは結局バレてしまう。

案内を出さなかった代議士は、「ごめんごめん、先生忙しいと思って誘うのを遠慮したんだ」などと言い訳をしていた。対する相手は、「ぜんぜん平気だよ」と応じる。傍から見るとスマートな会話だが、内心では「よくも外したな」と思っているのがミエミエだ。

ちなみに、若手の議員がライバルを蹴落としてまでも役職を望む理由のひとつには、選挙区へのアピールという目的がある。事情を理解する党は、政務三役や常任委員会の役員以外にもポストを用意している。それが「調査会」の役員だ。

自民党には、消費者問題調査会や選挙制度調査会など、政策を審議する調査会が複数あり、それぞれに会長や会長代理が設置されている。調査会のメンバーは何十人もいるわけではないから、比較的簡単に肩書を手に入れることができるわけだ。

名刺に「自由民主党」とだけ書かれているより、「自由民主党 消費者問題調査会会長代理」などの肩書が書かれていると、やはり印象が違う。もちろん、議員としては名刺に「大臣政務官」や「大臣」という肩書を記したいのが本音だろうが、何もないよりはずっとマシだろう。

役職にはつきたい、けれど汗はかきたくない

喉から手が出るほどポストが欲しい若手議員だが、人気のないポストもある。たとえば党の副幹事長だ。副幹事長は、党の幹事長の補佐をする役割で、自民党には二十人以上いる。

幹事長の仕事は、人事や広報、選挙指揮など幅広く、党の実務全般を取り仕切ることだ。副幹事長に選ばれる若手議員は、こうした仕事をサポートしていくことにな

る。いわば下働きだ。

副幹事長に選ばれるのは、間違いなく出世コースに乗っている人間だ。それにもかかわらず「やりたくない」という若手議員がいるのは、「党の仕事は国会議員の仕事ではない」と考えている先生が多いからだろう。

とくに官僚出身のエリート代議士はこの傾向が強い。「自分は党の下働きではなく、政策をつくるために国会議員になったんだ」というわけだ。副幹事長になれば、朝から拘束されるし、日曜日には選挙区から戻って翌日からの国会運営の準備をしなくてはならない。たしかに面倒だろう。

ただ、こんな風に党の仕事を避けていると、出世はますます遠ざかってしまう。永田町用語に、「汗をかけ」という言葉があるのをご存じだろうか。新人議員の場合は、とにかく体を動かして党や先輩議員のお手伝いをしろという考えがある。「汗をかく」仕事を続けていると、国会議員として必要な知識や経験を身につけることができる。それができないのに、花形の政務三役を望むなんて百年早いというのが、ベテラン議員の本音だ。

私がかつて仕えたH先生は、国会対策委員会（以下「国対」）で十年間、下働きをして汗をかいた。会合があれば、会場の予約から日程調整や出欠確認まで行う。当然、そうした雑務は秘書に回ってくることになるため、秘書も一緒になって汗をかくことになる。H先生の場合、苦労はあったが、国対で汗をかき続けたことで、十年後には人脈も飛躍的に広がっており、その後の出世につながった。

国対で実績を積めば、そのうち国対筆頭副委員長や国対委員長代理、最終的には国対委員長といったポストを与えられることもある。国対は、すべての法案を牛耳っているとさえ言われ、強い力を持っているため、そのトップである国対委員長になることができれば、閣僚ポストは目の前だ。

ところが、「役職にはつきたいが、汗はかきたくない」というのが、最近の若手議員の本音のようだ。不満があったところで、党や委員会の役職を持たされるのは、早くても五回生くらいだから、それまではどうしても下働きが多くなる。

こうした人事に不満を持つ若手議員も少なくない。とくに元官僚のようなエリートは、議員になる前は何十人もの部下を従えていたはずだから、いきなり国会議員の体育会系的な環境に放り込まれると、「今さら汗をかけと言われても」という気持ちなのだろう。

出世する議員は演技がうまい

「汗をかく」ほかにも、若手議員が出世するために欠かせないものがある。それが、上へのいわゆるゴマスリだ。国会議員のゴマスリはあからさま。私たち秘書から見ていても、「わざとらしいよね」と思うような作り笑顔と言葉遣いをする。それでも目立てば勝ちなのだ。わざとらしかろうが、先輩から見れば、自分にすり寄ってくる後輩は可愛いようだ。

以前、「俺たちは主演俳優だ」と語っていた代議士がいた。たしかに、出世する議員は演技がうまい。どんなに疲れ果てていても、先輩議員や地元の有権者の前に出た途端、表情も言葉遣いもしっかりする。あれはすごいと思った。

一方、先輩議員の演技に騙されて、出世をフイにする若手議員もいる。ベテラン議員は、人目を気にして〝大物感〟を出すため、気に食わない後輩がいても、直接説教することは少ない。「大丈夫、大丈夫」と、鷹揚な態度を装うのだ。このとき先輩議員の演技を真に受けて好き勝手にふるまうと、後の人事などで大きなしっぺ返しが来ることもある。

人の気持ちを裏まで読める先生でなければ、党内の出世はおぼつかない。

党員獲得ノルマを達成せよ

悪い意味で目立ってしまって、出世コースを外される先生もいる。失言や不倫などのスキャンダルはもちろんだが、地味ながら失点となってしまうのが、「党員獲得ノルマ」の未達成だ。

まず「党員」について説明しよう。党員とは、政党に所属する構成員のことであり、各党により入党条件が異なる。自民党の場合、①党の綱領、主義、政策等に賛同すること、②満十八歳以上で日本国籍を有すること、③他の政党の党籍を持たないこと、の三つだ。

これらの条件を満たす人であれば、所定の「入党申込書」に記入し、いわゆる年会費にあたる「党費」を添えて、自民党本部や支部に申し込むことで、党員として認められる。

自民党の議員には、それぞれ千人の党員を確保するというノルマがある。以前はこのようなノルマはなかったが、党員を頑張って増やす議員もいれば、サボる議員もいたため、「不平等だ」という意見が党内で噴出し、平成二十六年に、「百二十万党員獲得運動」がはじまり、現在のノルマが設定された。

ただし、このノルマは、毎年新たに千人増やすというものではない。いったん千人の党員を獲得したら、あとはその人数を維持できれば、ノルマ達成だ。

党員のなかには「一年だけ」ということで、付き合いで入党した人もいるし、年会費の負担もあるため、毎年何人かは抜けていくことになる。その人数分は補充しなくてはならない。

この党員集めの方法は、議員によりさまざまだが、私は選挙区での会合を良い機会として活用していた。会合の参加者には入党申込書を確実に渡し、持って帰ってもらう。そして後日、イベントの参加者名簿から把握した連絡先に電話して、「党員の申し込みはいかがでしょう」と営業をかけるのだ。色よい返事をもらえれば、自宅まで秘書が出向くことになる。

こうした一連のやりとりも、選挙運動のひとつだ。「わざわざ来てくれた」ということで、支援者になってくれる人もいる。

ノルマが達成できなかったときには、罰則もある。千人のノルマに対し、不足する人数一人あたり二千円を党に納めなくてはならないのだ。もし党員がゼロの事務所なら、総額で二百万円ということになる。

自民党の議員にとって、ノルマの未達成は、お金の問題にとどまらない。議員がそれぞれ何人の党員を集めたかは党内で公開され、将来の人事に影響するのだ。

最近では、元テレビアナウンサーの丸川珠代先生が、二〇一六年の党員獲得数がたったの二人だったことがニュースになった。丸川先生は当時、閣僚だっただけに、ニュースでも大きく取り上げられてしまった。あのように悪目立ちしてしまうと、政治活動に積極的ではないという評価を受けかねない。ポストを狙うのが難しくなるし、あまりにひどいと党の公認を受けられなくなる可能性もある。

こうした状況になるのを避けるため、なかには、親戚じゅうに頼み込んで入党してもらい、党費は自分で負担している先生もいる。毎年発生する党費を自分で負担しているのだとすると、金額としてもバカにならないだろう。

実際、若手議員が党員を集めるのは大変だと思う。もともと支持団体があるような先生であれば別だが、そうした団体を持たないのであれば、一人ひとり地道に集めていくしかない。

そういう意味では、元衆議院議員で、現在はタレントの杉村太蔵は党員集めに関しては目立っていた。あるとき、党員を集めた彼は、テレビカメラを入れて、全国から集めたという千八百名近い党員名簿を幹事長室に持っていくとアピールしていた。支持団体もない新人議員があれだけの人数を集めたというのは、たいしたものだと思う。

とはいえ、あのまま自民党で国会議員を続けていたとしても、出世できたか疑問ではあるが。

今の派閥にたいして意味はない

どの派閥に属しているかが出世に影響するのは、いまや昔のことだ。派閥は形としては残っているが、実体はほとんどない。二〇〇一年からはじまった小泉政権によって派閥が解体されてからというもの、派閥による人事への影響はほとんどなくなった。

今でも内閣改造のたびに閣僚の出身派閥がニュースになるが、あんなものを調べても、たいして意味はない。昔であれば、派閥の領袖が総理大臣に、「この人をお願いします」と推すことができたため、閣僚の人事は派閥の力関係を測る指標にできていたが、今の人事は派閥と無関係だから、何の参考にもならない。

派閥の名残として続いているのが、派閥メンバーのお昼の会合だ。ただしこれも、昼食をとりながら国会のスケジュールなどの連絡事項が知らされるだけの会だ。これらの情報は、いずれ国対により公開される。無派閥の議員でも手に入る情報を知らされるだけだ。

たいして意味のない会合でも先生がたが出席しているのは、ランチ目的でしかない。ある代議士は、「高い会費を払っているんだから、ごはんくらい食べないと、まったくの無駄だ」と言っていた。それでも、派閥の会費は月額五万円だから、ずいぶん高いランチになるわけだが。

また、若手の現職議員または新人候補の場合には、選挙の際に百万円から二百万円ほどが派閥から支給される。ありがたいように見えるかもしれないが、若手議員には年に一回開催される派閥パーティーの券を五十枚から百枚売るノルマがある。一枚二万円だから、多いと二百万円。甘くはないのだ。

だから最近の議員の多くは、無派閥だ。お金がもったいないし、顔を出したところでベテランの先輩議員がいて自由にふるまうこともできない。負担が大きいだけで、メリットがないのだから、仕方ない。

「政策勉強会」なのに政策にならない

派閥の代わりに最近目立つのは、「若手議員だけで集団を作る」動きだ。特定の派閥に属さず、同期で集まって政策勉強会をする。そう聞くと仕事熱心だと思われるかもしれないが、私は彼らの行動を疑問に思っている。

なぜなら、勉強会の成果を政策にしようとする気配がないのだ。そもそも、実際に政策を作ろうとするのなら、若手だけ集まっていては不可能なはず。先輩議員から、「ダメだ」と言われた時点でアウトになってしまうからだ。

しかし、多くの若手議員はやり方が下手だ。先輩議員には声をかけず、同期と、議題に関連する省庁の役人を呼ぶだけだ。先輩議員に気兼ねなく、気楽な勉強会になっているようだが、政策につながらないのであれば、時間の無駄だ。わざわざ時間をとって資料の準備までさせられる役人もいい迷惑だろう。

こうした若手議員の動きには、党のベテラン議員も悩まされている。

以前、米軍の普天間基地移設に関して、若手議員が何を勘違いしたのか、「俺たちのほうがもっといい法案が出せる」と言いだして、若手だけで「沖縄勉強会」をはじめた。防衛省などの関係省庁の役人まで呼んでいて、形だけは党の部会と同じだ。ところが、これを見たベテラン議員が激怒した。「この大事な時期に、お前たちは何をかき乱しているんだ」と言って、結局中止にさせられたようだ。

私から見ると、彼らがやっていることは、「仕事をしているフリ」だ。「また遊んでるな」と思うほかない。勝手にやらせておけばいいとも思うのだが、マスコミから党の動きとして取り上げられると迷惑を被ることになるから、厄介だ。

せっかく若手だけで集まっているのなら、若い国民の声を代弁するような議論をして、法案につなげてもらいたいのだが、残念ながらそうした具体的な動きは見られない。

さらに慢心がひどくなると、暇になった若手議員は「地方視察」を計画する。先輩の代議士の姿を見て真似しているだけだが、視察の名目で地方の役所に顔を出せば、どんな若手議員だろうが、国会議員として歓待される。むしろ先輩がいない分、神様扱いだ。地方の役所の人間からは、この忙しいときに、なんで視察なんだと不満が出ているはずだ。

こうした若手議員の身勝手の背景には、「俺たちはもっとできるのに、どうして雑用ばかりなんだ」という不満が潜んでいるようだ。

もちろん、昔から若手議員にはこうした不満はつきものだったと思うが、その代わりに派閥が将来出世の面倒を見てくれていたから我慢できていたのだろう。

昔は、自分のポストを投げ打ってまで後輩をポストに推すような先生もいたが、今はそんなことはない。ベテランも若手も、皆が我先にポストを狙っている。

かつての派閥が若手議員を教育できていたのは、出世を餌にしていたおかげでもあった。今や、若手議員の間には、「どうせ出世させてくれないなら、勝手にやらせてくれ」という考えが蔓延してしまっている。

第三章　招かれざる客、事務所に現る

議員の日常

朝八時、議員は「部会」に名刺を置きまくる

国会議員の朝は早い。平日は朝八時に自民党本部に集まり、「部会」に参加するのが仕事のスタートだ。

部会とは、さまざまな分野について国会議員同士で議論する場である。外交部会や国土交通部会など、テーマの異なる十四の部会があり、自民党本部で毎朝開かれている。

参加する部会は、自由に選ぶことができるため、自分が将来進みたい分野や支援団体に関連する部会を選ぶのが普通だ。

部会は掛け持ちで参加することもでき、議員本人だけでなく秘書も部会に参加することができるため、議員と秘書で手分けして部会に参加する。さらに参加したい部会があれば、途中で切り上げて、次の部会にも顔を出すという流れになる。

ここで忘れてはならないのが、議員本人の名刺を部会の開かれている部屋に置いていくことだ。部会の出席回数は、政治活動の積極性を示すものと見られ、自民党の中

で将来の人事に影響するため、いかに多くの部会に参加し名刺を置けるかという勝負になる。

日々の部会のテーマは、関連する省庁の役人が設定し、当日の進行も役人からの三十分程度の説明からはじまる。説明が終われば、そこから議員を交えての質疑応答だ。

部会にかけられた案件は、その後、法案につながるような重要なものもあるが、実は、部会の議論で反対意見が出たとしても、変更が加えられることは、ほとんどない。というのも、部会で取り上げられる案件は、すでにベテランの族議員と役人の間で大枠の方向性が決められているからだ。

そういった意味で、「部会なんて、若手のガス抜きだよ」と言うベテラン議員もいる。若手議員に言いたいことを言わせて、早いところ終わらせたいというのが彼らの本音のようだ。

新人は「国対」で掟を叩き込まれる

当選したばかりの一回生議員の場合、部会が終わる九時を待たずに部屋を出なくてはならない。というのも、その後に続く国会対策委員会の準備をしなくてはならないからだ。

国対が行われる国会議事堂に八時五十分に集合することが義務付けられており、一分でも遅れれば党の幹部から呼び出されお叱りを受けてしまう。部会が行われている自民党本部から国会議事堂までは距離があるため、一回生議員は、毎朝国会まで走って向かう。なかには、わざわざ車で移動する議員もいるくらいだ。

一回生議員を必ず国対に出させているのは、法案がどのような流れで通るかを、しっかりと勉強させる目的がある。

国対の役割は、国会運営のために、他の政党と調整をすることだ。たとえば自民党として通したい法案が百本あるとしたら、そのうち何本まで通せるかを野党の国対と折衝する。野党は、「この法案は賛成するが、代わりにこちらの法案には反対する」といったバーターを持ちかけてくる。

このように、法案がどうなるのか、国会の本会議の前に、ある程度水面下で決まっているのだ。「あちらの顔も立てつつ、こちらの要望も通す」というやり方で今までの国会は回ってきており、表向きは与野党で争いながら、実は裏で手を握っているようなものだ。とはいえ、昔から共産党だけは国対の交渉に乗ってこない。

国会議員が、法案を通していい仕事をするためには、こうした野党との交渉能力も欠かせない。そのため一回生議員は、国対の仕事を通じて野党との交渉の作法など、国会運営のルールを叩き込まれているのだ。

一回生議員を除く議員は、部会が終わる九時頃から、議員会館の中にある、それぞれの事務所に戻る。事務所で最初にやるべきことは、スケジュールの確認だ。

国会議員のスケジュールは、部会、来客、外の会合、委員会、国会の本会議、夜の会合という、大きく六つのパターンに分けられる。私たち秘書は分刻みのスケジュールを無理なく調整し、スケジュールを詰め込みすぎて昼食の時間がなかったということのないようにしなくてはならない。

続いて午前中のスケジュールとして入ってくるのが、委員会の出席だ。国会議員は、予算委員会や法務委員会など、衆議院と参議院それぞれに設置される常任委員会や特別委員会に所属している。部会は出席する分野をその都度選べるが、委員会は自身が所属するものにしか出席できない。

さきほど、一回生議員は、必ず国会対策委員会に入ると記したが、二回生以降の議員は、希望する委員会を第三希望まで党に出したうえで、幹事長室で決定されることになる。

希望がいつも叶うわけではないし、将来を考えると委員会によって当たり外れもある。しかし、文句を言う若手議員はいない。「なんでもやります」という姿勢でなければ、ベテラン議員からお叱りを受けてしまうのだ。

国会質問づくりの奥の手

国会議員全員が出席する「本会議」がはじまるのは、衆議院の場合、午後一時から。ここで代表質問をするのも国会議員の仕事だ。

本会議や委員会における質問は、事前に質問する人間や時間が決められている。指定をするのは、国対などの各委員会だ。

指名された議員は、「待ってました」という気持ちだろう。とくに予算委員会のようにテレビ中継されれば地元へのアピールになるし、党から一定の評価を受けている証でもある。

いったん質問者として指名されれば、どんな質問をするかは、それぞれの議員に委ねられる場合もある。このとき、元官僚の議員であれば、たいていは質問内容を自分ですべて考える。プライドがあるからだろう。必要な資料があれば担当の役所から取り寄せるなど、指示も的確だ。さすがエリートだと感じる。

一方で困ってしまうのが、叩き上げの議員だ。なかには、「こういう質問をしたいから、原稿を作ってくれ」なんて秘書に丸投げする議員もいる。それで秘書が対応できないと、「何やってるんだ」と怒鳴られるわけだから、参ってしまう。

こんな風に、議員と秘書だけで質問を考えられないときには、役所を頼ることになる。国会には「政府控室」という部屋があり、役所との窓口となっているため、ここを通じて質問に関連する省庁の役人と相談し、質問内容を考えていくのだ。

最も避けたいのは、与えられた質問時間を余らせてしまうことだ。だから、たとえば時間が三十分与えられているのであれば、「最低七項目は質問を出せるから、念のため十項目程度質問を用意しておこう」という具合に、当日の流れを考えて質問を組み立てていくことになる。

さらに、質問を考えていると、何かしら必要な情報が出てくるものだ。たとえば、ある法案について質問するのであれば、過去にどのような審議がされているのか議事録を確認しておきたい。そんなときには、政府控室とは別にある「調査室」に頼ることになる。

厚生労働省なら厚生労働調査室、農林水産省なら農林水産調査室というように、衆議院と参議院のそれぞれに、各省庁に対応する調査室があり、職員が詰めている。その職員に頼めば、必要な資料を用意してもらえる。

まとめると、役人に直接相談したいときは政府控室、資料が欲しいときは調査室という使い分けをして、できるだけ無駄なく質問づくりを進めていくというわけだ。

考えてみると、質問を役人と一緒に作っておきながら、質問に回答するのも役所を代表する大臣である。ある意味出来レースなのかもしれない。とはいえ、スムーズな国会運営のためには、こうした事前調整は欠かせない。

このような仕事の流れを知らない議員に、経験の浅い秘書がつくと、まともな質問が作れなくなってしまう。ときどき、稚拙でトンチンカンな質問が出ることがあるが、あれは議員と秘書だけで頭をひねった結果だろう。

答弁を助けるスーパー大臣秘書官

議員によっては、質問をする側ではなく、受ける側として答弁の準備をすることもある。厚生労働大臣や農林水産大臣など、閣僚の場合だ。

同じ党の議員からの質問であれば、あらかじめ事前調整し、準備もできるため、ソツのない答弁をすることができる。ところが、野党からの質問は不意打ち的なものが多いため、そうもいかない。ここで力を発揮するのが、大臣秘書官だ。

大臣秘書官は、大臣に付き従って補佐をする役人だ。国会中継で、大臣の後ろに控え、大臣が答弁に立つときにサポートする人を見たことがないだろうか。彼らが大臣秘書官だ。

質問に答えられないと、野党は「なぜ答えられないのか」と追及してくるため、秘書官には迅速な対応が求められる。この対応の速さは、同じ秘書官といえども、人によって大きな差が出てくる。

ある大臣が、「この秘書官だけは忘れられない」と、ある人物を評していたのを思い出す。

この秘書官は、あらゆる質問を想定して、大きなバッグに資料をいっぱいにして持ち込んで臨んでいた。野党議員からの質問がはじまると、おもむろにバッグに手を差し入れて様子を窺う。そして、いざ大臣が答弁する段になると、的確な書類だけを、サッと抜き出すのだ。それも目で見ず、手の感触だけで。まさに神業だ。

本来は、大臣秘書官の務めは一回限りで、次の役職に移っていくものだが、彼のような優秀な秘書官がほかの大臣に付き、秘書官を続けるようなこともあった。

とはいえ、いくら秘書官が優秀でも、大臣に理解力がなければ、結局はひどい答弁になってしまうのは避けられない。

近年では、法務大臣だった金田勝年先生が、共謀罪の審議の際、あまりにも稚拙な答弁を繰り返してニュースになってしまった。どんなに能力のある秘書官が付いていても、あの先生にまともな答弁をさせるのは難しかっただろう。

絶対に口外してはいけない会合

国会が終わり、議員が解放されるのは十八時から十九時ころになる。そこからはじまるのが、夜の会合だ。

夜の会合には、いくつかのパターンがある。同期仲間との気楽な飲み会もあれば、各種団体の何十周年記念や、「○○先生を励ます会」といったパーティーもある。地元から支援団体や陳情団が来れば、懇親会も開くことになるし、結局、毎日何かしらの会合に参加している状況だ。

こうした夜の予定の中で、とりわけ重要とされているのが、先輩議員からの〝急な〟誘いだ。このときには、よほどのことがない限り、事前に入っている予定をキャンセルしてでも、先輩議員を優先するべきと言われている。というのも、ここで話し合われるのは、党の人事の話や、緊急性の高い政策の話など、重要な意味があることが多いからだ。

こうした重要な会合の場合、日程調整だけは秘書同士でやるが、秘書に用件は一切知らされない。ときには、メンバーさえ秘密ということがある。メンバーを見れば、話の内容が想像できるからだ。

夜の会合には、どこからか聞きつけて政治部の記者が来ることもある。参加する議員の事務所から情報が漏れているのだろう。

ここで情報を漏らしているのは、おそらくは運転手を務める若い秘書だ。彼らは運転手として、議員の行動を誰よりも熟知している。記者もそれを知っているため、議員ごとに何人か抱える秘書のなかでも、運転手を務める人間の連絡先を知りたがる。

私自身、運転手をしていたころに連絡先を知られたことがある。代議士を会合に送り車で待っていると、記者から電話がかかってきて、「先生は今どこにいるの？」と聞いてくる。もちろん正直に話すわけにはいかないから、「わからないんですよね」と言ったりして、のらりくらりとゴマカしていた。

年齢を重ね、やがて私も運転手から外れたが、若い秘書には、「絶対に秘密を守るように」と指導していた。とはいえ、あまりにつれない態度をとっていると、情報交換をしてくれなくなるから、あくまでも優しく断らなくてはならないのだが。

夜の定番は昔なら高級クラブでカラオケ

昔は、夜の会合が一次会で終わることはなかった。一次会の会場となる料亭を出ると、そこから銀座の高級クラブに向かい、二次会や三次会へと続くのが常だ。

国会議員には、それぞれにお気に入りのクラブがあり、仲間内でお互いに誘い合う風習があった。会計は誘った議員持ちだから、ときには数十万円に上る。派手に金を使う文化があったのだ。

一時期は、山崎拓先生、加藤紘一先生、小泉純一郎先生のＹＫＫトリオに、小沢一郎先生が加わりクラブでよく遊んでいた。加藤先生と小沢先生は互いに反目しているというのが世間の見方だったと思うが、実は夜の世界では仲が良かったのだ。

国会議員が二次会や三次会でやることといえば、たいていはカラオケになる。歌が好きな議員は多い。

よく覚えているのが、代議士のI先生だ。酔っ払ったら必ず、もんたよしのりの「ダンシング・オールナイト」を歌う。それが、あまりにも音痴だったから驚いた。しかも、同じ曲を何度でも繰り返し歌うものだから、同席していた私は耳を塞ぎたいくらいだったが、何とか耐えた。

飲みそうな雰囲気なのに、一滴も酒を飲まないのが、通称ハマコーこと浜田幸一先生だった。ただ、浜田先生も国会議員が出ている夜の会合は気になっていたらしく、散歩ついでに代議士たちの動きをリサーチしていたようだ。私が代議士を料亭に送り車の中で待っていると、浜田先生が暗がりからトレーニングウェア姿で近づいてくるものだから、ちょっと不気味だった。

今となっては、料亭や銀座の高級クラブの文化が懐かしく感じられる。ときどき、私も運転手をしていた当時のことを思い出すことがある。

代議士をお店に送ると、たいていはコンビニなどで弁当を買って、車内で夕食をとっていた。ただ、近くにコンビニがなければ、代議士がいつ出てくるかわからないし、路上駐車で切符を切られるのも嫌だから、何も食べずに待つしかない。記者からの連絡に対応したり、ラジオを聞いたりしながら時間をつぶすしかなかった。

そうすると、行きつけのお店のママが、チャーハンなどの夜食を持ってきてくれることがあった。腹をすかせて待っていたときだから、とてもありがたかった。

そんな親切を、私は代議士に必ず話すことにしていて、代議士からは、「それは良かったな」と言われていたのだが、今となっては、あれは代議士の気遣いだったのかもしれないと思う。ママさんにお願いして、私のところに届けてもらっていたのではないかと。

同時に、秘書が人の親切をちゃんと代議士に報告する人間なのかチェックしていたような気がする。以前の国会議員は、礼儀を重んじる秘書かどうかということを非常に気にしていたから、十分にありえることだ。

今の会合は「飲み放題付きで、会費六千円以内」

最近の若手の議員は、夜の過ごし方もずいぶん変わった。

お決まりのコースは、同期の仲良しで居酒屋に集まって、お喋りして解散というものだ。二次会や三次会に行くことは、ほとんどない。

秘書は、議員から指示されて飲み屋を探すが、「飲み放題付きで、会費六千円以内」というのが相場だ。それでいて静かな個室を希望するため、お店探しには頭を悩ませる。行きつけのクラブに送ればよかった時代より、仕事が増えてしまった。

こういう流れになったのは、民主党が政権をとったころだと認識している。小沢一郎先生が「料亭政治はもう古い」と言い出して、居酒屋で飲みはじめたのが、ほかの議員にも広がったようだ。もともとケチで有名だった岡田克也先生も先頭をきって居酒屋を使っていたと記憶している。

今思えば、夜の会合が変化したのも、無理からぬ面もあった。というのも、若手議員にとっては、昔ながらの料亭での会合は楽しいものではなかったからだ。国会議員は厳しい縦社会であり、若手は料亭に呼ばれても席など用意されていなかった。隅っこに座って、会がはじまればお酌をしてまわる。しかも、余興をさせられ、面白ければ、はじめて「食べてよし」となる世界だった。

余興といっても、たいていは裸踊りだ。世間的にはエリートの代議士が、全裸になって踊る姿を目にしたときは驚いたが、余興で国会議員としての心意気を見るという文化が、現実にあったのだ。時代の流れとはいえ、こうした夜の付き合いを若手議員が避けるようになったのも当然といえば当然だ。

ただ、ベテランと若手のあいだに壁ができているようで、やや気がかりではある。

週末は地元で顔を出せる場を探す

国会の開かれていない週末でも、国会議員は仕事から離れることはできない。とくに若手議員の場合、選挙区である地元からの支持が安定していないため、週末は永田町から地元に戻って活動することになる。

若手議員が地元でとくに欲しいものが、アピールの場だ。地元で行われる学校の式典などは、顔を広げる絶好の機会。とはいえ、漫然と待っていても若手議員に案内が来ることなどない。当選してすぐの国会議員は、週末のスケジュールも虫食い状態が当たり前だ。そこで若手議員は、地元の秘書と一緒になって顔を出せる機会を探すことになる。

なんとかきっかけを摑《つか》み、地元から案内をもらうことができれば、議員は喜んで飛んでいく。ただし会費以外は支払わない。本当はお金を払ってでも出席させてもらいたいところだが、それをやってしまうと公職選挙法違反になってしまう。

国会議員が考えることは皆、同じだ。地元の式典では、ひな壇に与野党の国会議員が何人も並ぶことがある。現役の議員はもちろん、落選した人でも「元国会議員」ということで出席していたりする。

この顔出しは意外とバカにできない。おろそかにしていると、議員の週末のスケジュールはいつまでも虫食い状態で、結局は落選してしまうことさえある。逆に、落選していた議員が、地道に顔を出したおかげで返り咲くこともあるのだ。

学校の式典などの招待が得られない場合、国会議員は、自ら顔を出せる機会を作るしかない。それが、一般の家のリビングで開く、「ミニ集会」と呼ばれる政策報告会だ。たとえ出席人数が一人だけだとしても、何もしないよりはマシだ。

支援者との関係が深くなれば、冠婚葬祭にも出席する機会がある。選挙区の支援者を個別にまわり、そこのお子さんが結婚するという話が聞ければ、「ぜひ駆けつけたい」と言って、挨拶をさせてもらうのだ。

結婚式と同じく、葬儀に参列することも多い。秘書は毎朝、新聞で訃報をチェックし、すべてに弔電を手配する。そのなかに後援会など支援者が関係する方がいれば、議員や、議員の奥さん、あるいは地元秘書がお通夜や告別式に出席することになる。

昔は情報交換、今は肥満防止の週末ゴルフ

一方、ベテラン議員になってくれば、多少余裕も出てくるため、地元に毎週帰る必要はなくなってくる。その場合、議員の仲間などを集めてゴルフをすることが多い。土日はほとんどゴルフというベテラン議員が少なくなかった。秘書としては、週末なのに朝早くから現地まで送迎しなくてはならず、面倒ではあった。

国会議員にとって、ゴルフは単なる遊びではなく、情報収集という側面があった。たいてい千葉や静岡のゴルフ場に議員仲間と役人が集まって、ホールを回りながら国政に関わる大事な話をする。それも必ず一ラウンド半、たっぷり時間を取っていた。

ときおり、民間の大手企業の人間や新聞記者などが一緒に回ったりすることもあ

り、ゴルフ場は心置きなく情報交換ができる場として重宝されていた。

余談だが、ゴルフ場で、とくに目立っていたのが、自民党の旧田中派の団体だ。というのも、彼らの秘書は夏でも冬でも、背広を着てゴルフ場を一緒に歩いていたのだ。あれは旧田中派だけのルールのようだ。端から見ていて秘書の苦労が偲《しの》ばれた。

最近は、ゴルフ場で情報交換をする議員は少なくなっているようだが、健康目的でゴルフをする議員はいる。夜は毎日会合があり、放っておくとすぐに肥満になってしまうから、週末くらいは運動をしたいのだろう。ゴルフ焼けでも日に焼けていたほうが若々しく見えるという理由もある。

今は男性でも見た目を気にする議員が多い。「もっと痩せないとな」というつぶやきを聞くこともあるし、青山にある行きつけの美容院で二時間以上髪型を整えるなんて代議士も知っている。髪を黒く染めたり、ちょっと光沢をつけたりと、若く見せるために余念がない。

先生方がここまで見た目の若さにこだわるのは、選挙に勝ち続けるためという意識らしい。永田町にいない時間であっても、国会議員の日常はすべて「選挙のため」なのかもしれないが、近くで見ていると、男の私にはちょっと気持ち悪い。

真っ当な陳情、無茶な陳情

平日と週末を問わず、やってくるのが「陳情」だ。私は有権者から来るお願い事を、「公的陳情」と「私的陳情」に分けて対応している。

「この道路に予算をつけてください」「この業界を助ける法案を通してください」といった、ある種〝真っ当な〟ものが公的陳情だ。こちらは基本的に議員本人が受けることになるが、秘書が動く場面も多い。

たとえば、地方の有権者が必要とする道路や施設を作ってもらいたいという陳情が来ることがある。こうした公共工事は税金の無駄だと言われることも多いわけだが、地方の有権者にとっては長年にわたって心待ちにしているものだ。

こうした要望を受けると、私たち秘書は、道先案内人として議員を国土交通省や財務省に案内し、要望書を持ち回ってもらう。議員は、「なんとかこの区間の道路に予算をつけてください」などとお願いし、最後に名刺を置いていく。地方議員や首長も同行してもらっているから、大名行列などと呼ばれることもあった。

ピークは、予算のシーリング（概算要求の上限枠）についての議論がはじまる六月から七月にかけてと、十月から十一月だ。多いときには、異なる案件で一日四、五回、同じ役所に行くこともあった。今はもう不可能だが、規制のゆるい昔は各自治体がビール券やテレフォンカードを添えて要望書を渡していたから、財務省などには相当な金券がたまっていたと想像する。

そのあとも、しつこく進捗状況を聞くなど、とにかく地元の要望が実現するようにアピールを続けていった。

そうした要望が実り、道路や施設が完成すると、大きな達成感がある。何年経っても地元の人々に変わらず使われているのを見ると、喜びもひとしおだ。

一方の「私的陳情」は、いわゆる入学や就職の口利きなど、有権者の私的な依頼だ。公的陳情と比較し、私的陳情は実にさまざまであり、対応が難しい。入学や就職の相談もあれば、「公団住宅の抽選に当選させてほしい」「息子の下宿先を探してほしい」など、なんでもありだ。

どうも一部の有権者は、国会議員に頼めば、なんでも叶えられると思っているようだ。しかしそれは勘違いに過ぎない。実際、何ともならないことは山ほどある。

よく言われるのは、「交通違反をもみ消してほしい」というものだ。これは百パーセントできない。以前はアナログだったため、ある程度交渉の余地もあったようだが、今は違反処理がすべてシステム化されている。いったん警察官が違反を把握すれば、すぐにシステムに登録され、取り消すことができなくなるため、いくら国会議員が頼んだところで、警察官は取り消しようがないのだ。もしかすると、そういう言い訳で警察官が議員の圧力から逃げているだけなのかもしれないが。

議員の口利きと思い込ませる裏口入学

私的陳情が昔から続いているのは、中選挙区制の時代の名残もあるだろう。当時の選挙は、野党との争いだけでなく、同じ自民党の議員同士でも得票を争っていたため、とにかく選挙戦にはお金がかかっていた。そこで昔の議員は積極的に有権者からの私的陳情を受け、その代わりに報酬をもらって選挙資金にしていたのだ。

たとえば、支援者の中に、受験を控えた子どもがいることを把握したとする。すると議員は、その支援者に裏口入学をもちかけ、報酬を受け取ることすらあった。

国公立の学校に合格させるのはさすがに無理だが、私立校の場合、選考基準がマチマチなため、議員の口利きにより、実際に入学できたケースもあったと聞く。とくに医歯薬系の学校は、莫大な寄付金をもらう代わりに補欠合格させ、辞退者が出ると繰り上げ合格させることもあったようだ。保護者は、学校への寄付金に加えて国会議員への報酬を支払う必要があり、用意するお金は数千万円に上ったという。「詐欺そのもの」と言いたくなるような話も聞いている。

仕組みはこうだ。まず秘書から支援者に対して、「ここの大学なら、口利きできますけど、報酬として五百万円かかります」と囁《ささや》き、事前に了承を得ておく。次に、その秘書は学校側にアプローチして、一般への合格発表日より数日前に合否を教えてもらうよう取り計らう。

一般の人より早く合否を把握した秘書は、もし支援者の子が合格していれば、「議員の口添えで、なんとか合格させましたよ」と言っておく。そして数日後、合格発表の結果を見た支援者は、「ありがとうございます！　先生のおかげで合格できました」と言って、約束通りの報酬を支払うというわけだ。

ここで疑問に感じないだろうか。この秘書がやったことといえば、単に合否を早めに知るべく動いただけだ。実際には支援者の子は自らの実力で合格している。つまり、この秘書は議員の力で合格させたと思い込ませて、報酬を巻き上げたのだ。

一方、事前に知った合否結果で不合格だった場合は、「すみません、私の力不足でした。報酬は受け取りません」と言っておけば、支援者ともトラブルにはならないだろう。親としても、裏口入学を依頼した後ろ暗さがあるから、決して表沙汰にはならない。不謹慎ながら、よく考えられた詐欺だ。

就職の口利きをお願いされることもよくあった。ただし、つながりのある大企業に支援者の子を紹介するだけだから、裏口入学と異なり違法性はない。とはいえ、企業側が議員の気持ちを忖度《そんたく》して、本来なら採用しなかったような人間を採用したことはあったかもしれないが……。

メチャクチャな要求常習犯もいる

ほかにも私的陳情のネタは尽きない。国会議員や秘書は、私的陳情に対応するため、ときに不動産屋であったり、旅行会社であったりと、さまざまな役割を担う。私の場合、チケット屋のようなことをずっとさせられていた。できなければ、支援者からは「お前のやり方が悪い」と言われるし、さらには「ここの議員は応援しない」などと言われるハメになるから、やるしかない。

チケットの依頼で多かったのは、大相撲の升席だ。この場合は、議員とつながりのある力士に直接連絡を取って、チケットを取ってもらっていた。

国会議員と力士は、地元が同じであれば助け合うことが多い。力士のスポンサーに国会議員がなり、その代わり、議員が地元でパーティーをするときには力士に人寄せパンダになってもらう。持ちつ持たれつの関係だ。

苦労したのは、「中山競馬場のゴンドラ席をとってくれ」という陳情だった。それも毎週末だから、本当に大変だった。そもそもどこのパイプを使えば用意できるのかがわからない。競馬を管轄するのは農林水産省だと知り、そこの役人を通じて、なんとか用意してもらっていた。

それでも、対応可能な陳情をされる分には、まだマシなのかもしれない。理不尽な要求をするクレーマー的な常習者も多いのだ。国会議員の事務所には、たいていブラックリストがあるはずだ。

知らない名前の人から突然電話があり、「東京に行くから、もてなせ」などと言われたこともある。さらには、「今空港にいるけど、キャンセル待ちになってるから、なんとかしろ」と言う。メチャクチャな要求だ。

この手の人間は、たいした力もないのだが、地元で変な噂を広めるスピーカーになりかねないため、放っておくわけにもいかない。だから、若い秘書ではなくベテランが丁重に対応することになる。私もそんな対応をしたことが数え切れないくらいあるが、いくら怒鳴られ、無能だと言われても、言いたいことを言わせて、相手が落ち着いて帰るのを待つだけだ。

それでも、なかにはヒートアップしすぎて、暴れ出す人もいる。そんなときの対処法はひとつしかない。「つまみ出す」だけだ。

昔のことだが、チンピラ風の男が訪ねてきた。とある団体の機関紙に、名刺広告を出せと言う。手数料は五万円とのことで、いわゆる金の無心だ。面倒だからと支払う秘書がいるから、味をしめていろいろな事務所を回っているのだろう。しかし、私は当時の事務所の方針もあり、支払いを拒否した。

すると相手は、「金がないなら、ビール券をよこせ！」と食い下がる。ビール券は換金できるから、金にしようと思ったのだろう。それでも私が断ると、男は事務所の中で大声を上げ暴れ出した。居合わせた女性秘書は怯えてしまった。

そこで、とっさに議員会館に常駐する衛視を呼び出した。議員会館の事務所には、緊急時に衛視を呼び出せるボタンがあるため、それを押したのだ。結局チンピラ男は、衛視数人に取り押さえられ、そのまま建物からつまみ出された。

その後、念のために、その男を議員会館に入れないよう受付にお願いしていたが、結局二度と来なかった。それ以上やると警察が来るとわかっていたからだろう。

母子が離ればなれになっても

このように、私的陳情には長年苦労をしている私だが、一方で心がけているのは、「門前払いはしない」ということである。これは、私がかつて仕えていたH先生の影響が大きい。H先生の私的陳情に対する方針は、「まずは受け止める」というもの。どんな人であっても、困ったことがあって、必死の思いで訪ねてきているわけだから、誠実に対応しろということだった。

さらに、話を受けた以上は、その後に中間報告をし、結果を説明することも怠ってはならないと口酸っぱく言われていた。だから、どんな理不尽な陳情であっても、ひとまずは、「いったんお預かりします」と言った上で、後日きちんとお断りするようにしている。

もう二十年近く前になるが、そんなH先生のもとに、ある日、母子家庭の家族が訪ねてきたことがある。相談の内容は、中学三年生の一人息子の進学についてだった。息子さんは体格が良く、坊主頭の好青年で、自衛隊の高等工科学校に進学したいという。ここに入学できれば、高校卒業の資格が取れるし、将来は自衛隊の下士官になることもできる。全寮制の学校だから、母子は離ればなれになってしまう。けれども息子さんの将来を考えて、それでもいいとのことだった。

ただ、そうはいっても、自衛隊員になるための国家試験を口利きなどで合格させることはできない。そこでH先生は、「あくまで君の実力で合格しなければならない」と説明した上で、当時の防衛庁の担当者を呼んで、試験の仕組みについて説明してもらう場を設けた。ペーパーテストや体力検査などのレクチャーを受け、最後は、「真剣に頑張りなさい」と言って、送り出したのだ。

その数ヵ月後、例の青年が無事合格したという話が来た。H先生も私もとても喜んで、少し涙が出そうになったくらいだ。就職してからも、ずっとお母さんから手紙が来ていて、H先生も、ことあるごとに「彼はどうしているかな」と気にかけていた。

やはり、国会議員にとっても、秘書にとっても、誰かの役に立てたという実感は何にも代えがたいものだ。陳情に対応するのは大変だが、助けた相手に感謝をされたり、選挙での得票が伸びたりすると、努力が報われたと感じる。仕事のやり甲斐を感じる瞬間だ。

第四章　秘書の凡ミスが議員の命取り　議員のお金

歳費と期末手当が二千万円

昔から、政治とカネの問題は多く報道されているが、その全体像を把握している人は多くはいないだろう。これから順を追って説明していこう。まずは国会議員の個人収入について紹介したい。

国会議員は給料をもらいすぎだとよく言われる。おそらく世間で考えられているよりも、議員個人が受け取ることのできる金額は多い。

一般の議員は、会社員でいう給料に当たる「歳費」を月額約百二十九万円、そして期末手当として、六月に約二百八十一万円、十二月に約三百九万円を支給される。これらを一年分集計すると、二千万円以上の金額になる。

さらに、あまり知られていないが、「文書通信交通滞在費」（以下「文書交通費」）という名目で支給されるものもある。こちらは毎月百万円を受け取ることができるため、これも加えると年間三千万円を超える収入になる。人によっては、そのほかに講演料や執筆料などの収入も入ってくるから、一般のサラリーマンと比較すると、やはり高収入と言えるだろう。

文書交通費が現在のように制度化されたのは一九九三年だ。その背景には、交通機関の無料利用に制限が設けられたことがあったとされている。かつては、国会議員になれば、新幹線のグリーン車であれ、飛行機であれ無制限で使えていたのだが、「私用でも使っているのでは」という国民からの疑惑を受け、一定の上限が定められた。この上限により不足する金額を補塡する名目で、文書交通費が支給されている。

とはいえ、このような名目があっても、文書交通費の使い方は議員それぞれに委ねられている。使途を報告する義務もないから、議員の個人収入にしてもいいし、貯金したって構わない。

私の場合、仕える議員には、「文書交通費は先生の給料ではありません」と、はっきり説明することにしている。あくまで政治活動のための資金ということで、事務所で預からせてもらっているのだ。

そうして貯めておけば、将来の選挙費用や、新たに私設秘書を雇うときなど、不測の事態に備えることができる。文書交通費だけで年間千二百万円になるわけだから、選挙費用としては、かなりの部分を賄える。これもひとつの戦略だ。

せっせと貯蓄に勤しむ議員たち

私がこのような方法をとるのは、事務所の資金が不足しそうになっても、議員は決して「自分のポケットマネーから出す」などとは言わないからだ。文書交通費が議員の財布に入る前に預かっておかないと、後で困ったことになってしまう。

ここ数年、周りの若手議員を見ていると、「お金はできるだけ貯めたい」という人ばかりの印象だ。秘書は、仕える議員の生活が派手になると、すぐに気がつくものなのだが、まったくそんな様子はない。収入は決して少なくないはずなのだが……。

そうしたマインドを生んでいるのは、将来への強い不安があるためだろう。たしかに、今の若手議員には、議員を辞めたあとの保障がほとんどない。

かつては、議員辞職した際に年金か一時金を受け取ることのできる制度があったが、二〇〇六年に廃止された。二〇〇六年以前から議員だった場合は、今でも年金が支給されることはあるとはいえ、たいした金額ではない。

世間のイメージとはズレるかもしれないが、実は、国会議員や議員秘書の生活基盤はつねに不安定だ。その証拠に、議員も秘書もクレジットカードの審査をなかなかクリアできない。落選すれば一気に無収入に陥ってしまうからやむを得ないのかもしれないが、生活を送る上では非常に不便だ。

こうした状況が、貯蓄に勤しむ国会議員を増やしているのだろう。ただ、秘書にとっても、議員が個人的にどれだけ財産を持っているのかは把握しかねる。

もちろん、国会議員は法に基づき、当選した時点で個人資産の内訳を衆議院または参議院の事務局を通して議長に報告する義務があり（他に、年に一度、所得等報告書の提出も法で定められている）、新聞報道もされているのだが、あの金額は、個人資産の金額をありのまま示しているわけではない。

たとえば株式であれば、保有銘柄と株数の記載だけで足りるし、不動産も、時価より下回る固定資産税の課税標準額で計上する。普通預金に至っては、そもそも報告の対象外だ。

このような抜け道があるため、〝資産ゼロ〟と公開している議員も少なくない。あれは一文無しというわけではなく、報告義務のある資産はないというだけである。しかも、すべては自己申告のわけだから、秘書に黙って隠す議員もいるかもしれない。

長年秘書を続けている私にも、議員の財布の中身は謎である。

献金集めの営業活動

政治活動をするには、何かとお金がかかる。そのため、つねに「献金」を集めて、政治資金を作らなければならない。献金集めは、秘書にとっては昔から変わらぬ悩みのタネだ。

何らかの支援団体を持つ議員なら話は別だが、一般に知名度の低い若手議員は、いくら待っていても献金は入ってこないから、自ら営業活動をしなくてはならない。しかし、これがなかなか難しい。献金をするからには、誰しも何らかのメリットを期待しているものだ。その点、若手が提供できるものなど、たかが知れている。売り物といえば、将来への〝期待感〟くらいしかない。

とはいえ、自己アピールだけで金が集められるほど甘くもない。飛び込みで献金をお願いしたところで、「お引き取りください」と言われるのがオチだ。そこで若手議員が頼るのが、同窓会のツテだ。たとえば東大や京大など、同窓会が強い大学であれば、ＯＢが代表になっている企業から献金を受けられるかもしれない。これはありがたいものだ。

こうしたツテもなく、献金がまったく期待できない。そんな議員は、パーティー券を一枚一枚売り歩いたり、一人ひとり個人献金を集めたりしていくしかないだろう。最初はうまくいかなくとも、継続していけば、「この人はお金がないから」と同情され、知り合いを紹介してもらうようなこともある。地道な努力が必要だ。

個人献金を受けるとき、何をおいても大切なのは、感謝を伝えることである。私は、どんなに低額な献金であっても、議員本人に御礼の電話をかけてもらうようにしている。

ときどき、献金集めは秘書の仕事だと勘違いして、私たちに任せきりの議員もいるが、そんなことでは献金は決して集められない。

「前の代議士のときにも集めていたんだから、簡単でしょう」などと秘書に向かって平気で言う先生を見ると、「この人はわかっていないな」と思って、かえって哀れになってしまう。秘書が献金をどれだけ集められるかは、議員本人の実力によるということが、なぜ理解できないのだろうか。

喉から手が出るほど欲しくても身辺調査

かくして、無事に献金をいただけるという段になってからも、気をつけなければならないことがある。むやみやたらと献金を受け取ると、政治資金規正法に違反してしまう恐れがあるのだ。たとえば、外国人や外国法人から献金を受け取ると、それだけでアウトになってしまう。

いつだったか、インターネットで政治献金ができるようになったという話を聞いたことがある。アメリカの方式を取り入れたとのことだが、私は「危ないな」と直感した。

日本とアメリカでは、そもそも献金のルールが異なる。日本において、インターネットでの政治献金を可能にすると、政治資金規正法で禁じられている献金を、無自覚に受けてしまう可能性があるのだ。これは、非常に危険である。

いくら気をつけていても、政敵が外国人に依頼して献金をさせていたら、防ぎようがない。後からマスコミに違法献金と暴露されれば、最悪は議員辞職だ。

このような危機感があるため、私の場合、献金はすぐに受け取らない。地元選挙区の秘書にも同じように指示をしている。もちろん、秘書の本音としては、献金は喉から手が出るほど欲しい。しかし、身辺調査を経ずして献金を受けることはない。

身辺調査といっても、特別なことをするわけではない。地元の後援会などを通じれば、その人の出自はおよそ把握できる。とはいえ、身辺調査にもやはり限界はあり、私も過去にミスをしたことがある。個人献金をしてくれた人が、在日韓国人だったのだ。日本に長年住んでいる人であり、何も問題ないと考えていたが、帰化していなかったようだ。あのときは冷や汗をかいた。

また、献金を払ってもらうときにも苦労がある。個人献金をした人は、支払いを証する明細書を添付して確定申告をすれば、所得税の還付を受けられる。この明細書を発行する手間がある。質問されれば、不案内な税金の説明もしなくてはならないから大変だ。

なかには寄付をした金額の全額が戻ってくると勘違いしている人もいて、「二千円寄付したのに、確定申告で戻ってこない」とクレームをつけてくる人もいる。献金額が少ない人ほど、税金のクレームを言ってくるという印象だ。

「寄付はしたいけど、手続きが面倒だからなんとかしろ」と言われたときも困った。

聞いてみると、銀行振込にするのも嫌だし、秘書にお金を取りにこられるのも迷惑だという。じゃあどうすればいいんだということになり、結局、口座引き落としの手続きをこちらでやって、なんとか対応した。

その点、常連の会社さんからの献金はありがたい。毎年盆暮れの挨拶で秘書が出向くと、先方から「これからもよろしくお願いします」と言って、新聞紙で包まれたものを渡される。中を見ると、そこにはキャッシュがある。多いところは百万円単位の献金を包んでくれていた。あとは領収書を発行すれば、手続き完了だ。

いつもこのようにスムーズに献金が集まるといいのだが……。

政治資金パーティー、払って来るのは八割程度

国会議員が主催する政治資金パーティーも、一番の目的はやはり資金集めだ。基本的には年に一度、大がかりなパーティーを開くため、私たち秘書は二万円程度の高額なパーティー券を売りさばくことになる。

パーティーの準備は秘書にとって大きな仕事だ。人集めから当日の運営まで、すべてを取り仕切ることになる。

最近は数十人規模の朝食会や昼食会というパターンもあるが、基本はやはり夜のパーティーだ。千人規模の会場を借りて準備をするため、人数が集まらないと、みすぼらしくなってしまう。どれだけ人を集められるかが勝負なのだ。

会場の収容人数分のパー券が売り切れればいいのだが、そんなことはありえない。実は、無料で来てもらっている人も相当数いる。千人規模のパーティーの場合、実際に買ってくれているのは八百枚くらいだろう。つまり、二百人は「タダでいいから来てください」と言って集めているのだ。

声をかけやすいのは、地元の後援会関係者だが、呼ぶと交通費がかかるし、何よりタダ飯を提供すると公職選挙法違反になってしまう恐れがある。そこで、選挙区とは無関係な支援企業などを頼り、「お友達も呼んでください」と言って、人集めに動いてもらう。

結局、パーティー当日に集まっている人の何割かは、議員とは縁もゆかりもない人になってしまうが、パーティーをきっかけに支援者になってくれる人もいるわけだから、これも政治活動の一環だと考えている。

ただし、有名議員が開くパーティーだと話は別だ。山崎拓先生は現役のころにパーティーで億単位の資金を一夜にして集めていたというし、総理経験者であれば、かなりの資金を集められるだろう。資金が向こうからやってくるわけだから、うらやましい限りだ。

こうしたケースは例外として、一般的には夜のパーティーであれば一千万円程度、朝食会や昼食会なら五百万円も利益が出れば御の字というところだ。私は秘書として、年間二千万円の売り上げを集めることを目標としている。それでも厳しいのが実情だ。

このように手間暇をかけ、大がかりに開くパーティーだが、中身はそこまでたいしたことはない。目的はあくまでも資金稼ぎなので、最近はあからさまにコストを絞っている議員も多い。昔は全日空ホテルや東京プリンスホテルなどで華やかにやっていたが、今は自民党本部の会議室のような場所でパーティーをすることさえある。

当日のプログラムも、せいぜい一時間程度。来賓となる代議士や後援会の会長さんから一言二言の挨拶をしてもらい、それから議員本人による国政報告。最後に、「頑張ります、ご支援をお願いします！」と言って会を締める。それでおしまい。

それだけではつまらないから、できれば有名な議員に登場してもらいたいのが秘書としての私の考えだ。総理経験者や閣僚などが出てくれれば、それだけで場が盛り上がる。私は現役の大臣に出席を依頼することにしている。

まずは大臣の事務所にいる秘書を通じて、日程を調整する。日程を押さえるだけでも一苦労。国会議員のパーティーは五月と十月に重なることが多いため、その分大臣への出席依頼も集中しているからだ。

きちんと日程を取ることができても、急な公務が入ってしまって出席できなくなることもある。だから秘書は最後まで気を緩められない。

私たち秘書は会場でインカムをつけて、大臣を速やかに案内できるよう、準備万端で待ち構えている。時間通りに大臣が来ないときは本当にハラハラする。すぐさま大臣に付いている秘書官に電話をして状況確認だ。大臣が無事に会場に入ってくれるのを見ると、いつもホッとする。

パーティーは昼も朝もある

開催までの準備に手間暇かけているパーティーだから、たとえちょっとしたトラブルがあっても、無事にパーティーを開くことができればいい。最悪のケースは、準備したパーティーが急遽中止となってしまうときだ。

衆議院が解散して、選挙が公示されてしまうと、その時点から政治資金パーティーは事実上、開けなくなる。公職選挙法の規定により、選挙期間中の政治団体の政談演説会などは禁じられているためだ。せっかく会場を押さえ、人を集めていたとしても、全部キャンセルだ。会場のキャンセル料だけが残るわけだから、大損失を負ってしまう。

私も、過去に際どいケースがあった。なんとパーティーの日程が公示日の一日前だったのだ。こうなると地獄から天国、ギリギリセーフだ。資金もちゃんと集まったし、最高のタイミングで「ご支援のほどよろしくお願いします」とアピールすることもできた。

パーティーのやり方に議員の個性が出ることもある。私が「うまいな」と感じたのは、元総理の小泉純一郎先生のやり方だ。小泉先生は、総理になる前から、赤坂プリンスホテルで五十人程度の規模の朝食会を年に七回やっていた。「モーニングセミナー」といって、弁当とコーヒーだけ出される会なのだが、会費は夜と同じく二万円。それでも人が集まっていたのは、〝人集めの仕方〟に工夫があったからだ。

たとえば一月は運輸関係、二月は薬品関係といった感じで、小泉先生は、業種ごとに案内を出していた。案内を受けた人の気持ちを考えると、その会に参加しないと業界のなかでの関係を悪くする可能性があるし、自分のいないところで競合他社と代議士が関係を深めるのも気になる。そうすると、二万円払ってでも参加しようという動機がはたらくのだろう。

小泉先生と同じく、頻繁にパーティーを開いているのが、女性代議士のI先生だ。こちらも朝食会で、三ヵ月に一度、百人程度の人数で開催している。

小泉先生と違って、I先生は、とにかくまわりの議員から人を集める戦法だ。I先生の秘書は、議員会館で年がら年中パー券を売り歩いている気がする。朝食会とはいえ会費は二万円ということで、一年やればそれなりの収入になっているようだが、I先生の場合、パーティーに参加している議員から評判がよくない。

というのも、議員が開くパーティーは通常年に一度きり。互いに誘い合えば、収支はプラスマイナスゼロになる。ところがI先生のように、年に何回も呼ぶ人がいると、呼ばれた議員の負担は大きくなってしまう。

なんであああいうやり方を続けているんだろう、と正直疑問に思う。

選挙にかかる費用は最低でも二千万円

国会議員が使うお金のなかで、もっともまとまった金額になるのが選挙費用だろう。一回の選挙で最低二千万円はかかるのが相場だ。

内訳のなかで大きなものが、選挙区に作る選挙事務所の維持費。建物の家賃や、机などのリース料、通信費もかかる。加えて、ポスターやビラなどの準備も必要だ。

ただし、もし自民党の公認候補であれば、選挙になると党本部から資金援助を受けることができる。何度かに分けて振り込まれるが、多いときにはトータルで千八百万円にも上る。これをすべて選挙資金として使うことができるから、公認候補になりさえすれば、選挙費用のかなりの部分を賄えるわけだ。

また、国会議員は立候補する際に供託金として、選挙区であれば三百万円、比例区であれば六百万円を支払わなくてはならないが、こちらも自民党の公認候補であれば党本部が負担してくれる。

無所属で立候補する人は、こうした選挙資金をすべて自分で用意しなくてはならない。公認候補に比べると圧倒的に不利だ。

とはいえ、ここ数年の選挙を見ていると、ますます低コスト化が進んでいる印象だ。なかには一千万円程度で済ませている先生もいるというから、驚きだ。

こうした節約ができているのは、選挙区に置く選挙事務所を減らしていることが大きい。さきほど記したように、選挙費用の多くは、選挙事務所の維持費。事務所が増えるほど維持費はかさむし、事務所間を移動するガソリン代や通信費もかかる。事務所の数を減らすことで、選挙費用は大きく削減できるだろう。

ただ、こんな選挙準備でも当選できるのは、自民党に勢いがあるからこそだ。地方の有権者はとくに、議員本人ではなく、「自民党だから」として票を入れる人が多い。しかし、議員本人は自分の実力で当選したと思い込んでいるものだから、困ったものだ。

かつて、中選挙区制の時代の選挙戦は熾烈だった。後の章で詳しく記すが、トップ当選を果たすためには、相当な金が必要だった。だから、昔の先生は資金繰りにいつも苦労している印象で、身銭を切って選挙資金などに充てていた。実家の山林や家まで売って、それでも足りなければ、秘書に連帯保証をさせて借り入れをする人もいたくらいだ。今となっては考えられない。

お金がかかるのは選挙区事務所

普段の政治活動で、お金がかかるものとして大きいのは、地元の選挙区に置く事務所の維持費だろう。なかでも、建物の家賃や私設秘書の給料が大きい。議員によっては事務所に車を持つため、その購入費や維持費もかかる。大臣や幹事長などの役職に就くと車を割り当てられることもあるが、一般の議員にはそうした割り当てはない。

昔はセンチュリーなどの高級車が多かったが、最近はワゴンを使う先生も増えてきた印象だ。やはり、荷物がたくさん載るから便利なのだろう。しかし広い分、掃除をさせられる秘書は大変だろう。

車を持っていない先生であっても、衆議院や参議院には、自動車課というセクションがあり、そこから運転手付きで公用車を借りることができる。高速代など、多少実費もかかるのだが、タクシーよりは格安で使える。

ただし台数に制限があるため、衆議院の場合は毎週月曜朝に抽選会を行い、参議院の場合は毎朝申し込めるけれど希望が多いと早い者勝ちになる。だから毎朝九時になると、自動車課には参議院議員秘書から電話がバンバンかかっているはずだ。

ただ、公用車はあくまでも国会議員としての仕事にしか使えないため、使い勝手は悪い。議員を宿舎に送り届けるところまでは面倒を見てくれるのだが、夜の飲み会があると、最初のお店まで送るだけで、そこから先は議員が各自で帰らなくてはならない。

とくにそうしたルールが厳しいのは、政務三役に割り当てられている公用車を使うときだ。このときは、各役所の秘書官を通じて、議員の日程は共有されているため、厳しいチェックが入る。たとえば、大臣として出席する会合への送迎は問題なくても、地元の後援者の集まりに顔を出すときには公用車は使えない。また、土日などの休日に公務以外に使うことは絶対に許されない。税金で買っている車であるし、運転手さんも公務員だから、当然と言えば当然だ。

お金の使い方について議員の事務所によって特色が出るのは、私設秘書の給与だろう。公設秘書は、法律で給与や手当が規定されており、国から支給されるが、私設秘書はこうした規定がないため、最低賃金以上であれば、いくらに設定しても構わないのだ。

ただ、私設秘書の給料がいくらという話は、あまり表に出てこない。あまりみっともいい話ではないからだろうか。

私が私設秘書だったころは、今とは時代も違うが月額八万円程度だった。食事代の面倒を見てもらっていたとはいえ、安月給だった。今はさすがにそんな給料では人は雇えないだろう。

ポケットマネーでも使い方で法律違反に

国会議員は、たとえ自分のポケットマネーであっても、使い方には注意をしなくてはならない。公職選挙法の問題があるからだ。

公職選挙法の原則は、「票の買収を禁じる」というもの。選挙区の有権者に対しては、単なるプレゼントを贈るだけでも、買収行為とみなされかねない。二〇一四年には、当時法務大臣だった松島みどり先生が、選挙区内で自分のイラストが描かれた団扇を配ったということで、「公職選挙法違反ではないか」と追及を受け、閣僚を辞任する事態になった。

このようなニュースもあり、私は、国会議員はおいそれと贈り物ができないと認識しているだけに、元タレントの今井絵理子先生が政務三役や同僚の議員にビール券を配っていたという話を聞いたときには驚いた。これはかなり危険な行為だからだ。

おそらく、一般の有権者ではなく国会議員に対する贈答であれば問題ないと考えたのだろうが、そうだとすると認識が甘い。今井先生は比例選出だからだ。つまり、十八歳以上の全国民が規制の対象になるのだ。

思い返すと、今井先生は若手の女性議員と一緒にバレンタインのチョコを配っていたこともある。チョコに自分たちの写真を印刷したようなもので、おそらく単価は六百円程度だろう。それでもタダで配っていたわけだから、買収行為と言われる危険性はある。

永田町には、昔からビール券や胡蝶蘭を贈り合う慣習自体はあるが、それはあくまでも公職選挙法に抵触しない範囲で行われているはずだ。東京選出の議員であれば、まわりの議員が選挙区の有権者である可能性があるため、贈答は避けているだろう。

どこまでが買収行為で、どこまでが単なるプレゼントなのか、判断は難しい。まだ裁判になったケースはなく、法律的な見解は定まっていないが、それでも社会通念をさらに厳しく考えておかなければ足をすくわれてしまう。

私が公職選挙法の問題で気になる支出に、冠婚葬祭にかかるものがある。地元の選挙区において、支援者の結婚式やお葬式などがあると、ご祝儀やお香典を出すことはよくある。これらの支出はもちろん議員個人のポケットマネーから出されている。

私がルールとして認識しているのは、議員本人が出席してポケットマネーから支払う分には問題ないが、秘書などが代理出席して祝儀や香典を出すとアウトというものだ。たとえ、もともとのお金を議員本人が出していても本人が出席しないとダメと言うから、理屈はよくわからない。

さらに、冠婚葬祭は、渡す金額の多寡という問題も孕《はら》んでいる。葬儀のお香典であれば、多くてもせいぜい三万円程度だが、結婚式のご祝儀なら数十万円ということもありえる。あまりに多額のお金を渡せば買収行為に当たるのではないだろうか。

私が以前仕えていた代議士は、リスクを避けるために、冠婚葬祭があっても、お金は一切出さなかった。あらかじめ支援者に対して、「俺が持っていけるのは自分の体と名刺だけだから」と説明して理解を得ていたのだ。

先方には、「ご祝儀くらい出してもいいんじゃないか」と思われていたかもしれないが、あとから足をすくわれるよりはマシだ。しかし、そうした不満を出さないようにするためにも、ルールは明確にしてほしい。もし、「冠婚葬祭における支出はすべて公職選挙法違反だ」という公式見解が出たなら、私たちの仕事もやりやすいのだが……。

収支報告書のちょっとした記載ミスが命取り

政治とカネの問題としてスキャンダルになるのは、「支部」や「資金管理団体」のお金の使い方に関連するものが多い。

自民党では、選挙区ごとに「支部」を置き、それぞれの支部長として、現職あるいは元職の国会議員を置いている。支部は、党本部から交付される政治活動費の受け皿の役割があり、企業団体や個人献金などを受け取ることができる。加えて、政治資金規正法に基づく「資金管理団体」においては、個人からの献金を受けることができる。

支部や資金管理団体で管理する資金は、政治資金規正法で厳密に規定されており、政治活動に関わるものしか支出できない。使い途はすべて収支報告書で報告し、インターネットで一般公開されるため、不正があれば、すぐにスキャンダルになってしまう。このスキャンダルが、国会議員にとっては命取りとなる。

たとえば、過去には、本来支払っていないはずの議員会館の光熱水費が収支報告書に記載されていたことで、追及を受けた大臣がいた。元農林水産大臣の松岡利勝先生だ。あのときは、光熱水費について追及された松岡先生が、「ナントカ還元水を使っている」などと曖昧な釈明をしたことで、問題がさらに大きくなってしまった。

収支報告書を実際に作成するのは、事務所の筆頭秘書であることが多い。記載する様式にも、会計責任者として氏名を記さなければならず、何か問題があれば、議員とともに罰則を受ける可能性もある。

私も、秘書として収支報告書の作成に携わったことがあるが、やはり相当に注意をしていた。気をつけるべきポイントは、「規則に則った収支を計上すること」と、「法律的には問題なくとも、計上が〝望ましくない〟項目を避けること」の二点だ。

収支報告書の書き方については、総務省が相談窓口となっているが、「規定がないから、事務所のご判断で」というケースが少なくない。そこで、判断に迷うときは、少しでも不正と見られかねない出金は認めない方針で当たっていた。

きちんとした収支報告書を作成するためには、日頃からの勉強が欠かせない。収支報告のルールは頻繁に変わるため、私は党や総務省が主催する収支報告に関する研修には必ず出席し、知識をブラッシュアップしていた。これをサボると、途端についていけなくなる。

自民党の小渕優子先生が二〇一四年に経済産業大臣を辞任したのも、やはり収支報告書の記載誤りが発端だった。地元の後援会のメンバーが参加する観劇会が催されたにもかかわらず、その費用が収支報告書に計上されていなかったのだ。

当時、小渕先生の事務所で収支報告書の会計責任者となっていたのは、地元秘書だったという。私が出ていた収支報告に関する研修はすべて東京で行われていたから、小渕先生の地元秘書は知識が不十分だったのだろう。やはり、つねに永田町にいて最新情報をもらい、不明点はすぐに総務省に聞くことのできる人間でなければ、会計責任者は務まらない。

収支報告書にまつわる不正のスキャンダルが次々と出ているのは、インターネットにより公開されるようになったことも一つの要因だろう。

実際、さきほどの小渕先生のケースも、会計責任者は、お父さんの小渕恵三先生の時代から関わっていたというから、おそらく昔から何かしらの問題はあったと思うが、親父さんのころは大きな問題にはなっていない。当時は収支報告書を見るには総務省の窓口で閲覧するしかなく、コピーや写真撮影もできなかったため、問題が発覚しなかったのだろう。

当時と違い、今は誰でも自宅から収支報告書を見ることのできる時代だ。こうした環境にあって、しかも小渕優子先生は女性初の総理候補ともてはやされ注目されていただけに、記者からのチェックが厳しかったのだと推察する。

ちなみに、収支報告書は、一月一日から十二月三十一日までの一年分を集計し、翌年の五月末までに提出しなくてはならない。提出した収支報告書が精査され、インターネットで公開されるのは年末ごろ。つまり、集計した期間の情報が一般公開されるまでに、約一年かかるということだ。

議員や秘書にとっては、とっくに過去の話となっている収支報告書が、忘れたころになってスキャンダルになったりするから、なかなか油断できない。

領収書をかき集めて帳尻合わせ

支部や資金管理団体から支出できるのは、〝政治活動〟に必要なものだけだ。ところが、何が政治活動にあたるのかという判断は難しい。

秘書としては、仕えている先生から「これ、払っておいて」と領収書を渡されると、多少は疑問があったとしても、受け入れざるを得ない。昔から秘書の先輩には「お金に関する最終判断は先生に従え」と教えられたものだ。

ただし、あからさまに問題がありそうな支出であれば、秘書として忠告することもあった。このとき、秘書の言葉に耳を貸さない議員もいるが、そうなってはおしまいだ。お金の管理は秘書がしているとはいえ、最終責任は議員本人。脇を締めておかないと、政治とカネの問題で政治家生命を危うくしてしまう。

会計責任者に誰を置くかも重要だ。ここに本当にわかっている人を置かないと、大きな問題に発展してしまう。

二〇一〇年に、国家戦略担当大臣だった荒井聰先生が、収支報告書に計上する事務所経費として、「キャミソールの購入費」などが記載されていたと問題になった。あの収支報告書を作成したのは秘書だと思うが、あんな問題が出るなんて、正直言って、秘書の仕事を舐めているとしか思えない。おそらく、収支として集計した金額と領収書が合わずに、帳尻合わせでキャミソールの領収書を付け足したのだろう。

実は、このように領収書を後から付け足す行為は、昔から行われている。収入はある程度管理できるが、支出に関しては雑多なものが多く、実際の出金額と領収書の合計が合わないのは、ままあることなのだ。そこで、家庭で使っていた領収書やレシートをかき集めるというわけだ。

ただ、私は国会議員の収支管理は厳密であるべきで、きちんとした領収書がない限りは支出できないと考えている。そのため、たとえ自動券売機で出した十円程度の小さな支出であろうと、領収書を保管するようにしている。こうした話をすると、「自動販売機でジュースを買ったらどうする?」というバカな質問をされることもあるが、そんなものは、自分のポケットマネーで出せばいいだけの話だ。

収支報告書に計上するような正当な支払いであって、物理的に領収書が取れないのは、冠婚葬祭のケースくらいだと考えている。そのほかは、あらゆる支出について、きちんとした領収書を残している。税務署に出す確定申告であれば、必ずしもすべての支出について領収書を保管しておく必要はないようだが、国会議員には、さらに高いレベルの管理が求められて当然だ。

思い返せば、ここまで領収書の保管について厳しく考えるようになったのは、自民党の幹事長が武部勤先生だったころからだ。二〇〇七年に改正された政治資金規正法により、政治団体からの支出について、たとえ一円であっても開示請求があった場合に提出する必要があるため、領収書を保管することが義務付けられたのだ。当時は、党の先生たちから「面倒くさい」とブーイングの嵐だったことを覚えている。

パーティーの翌日は大量の領収書出し

領収書にまつわる問題は、今なおある。二〇一六年には、「領収書とは何か」ということが問題になった。発端は、政治家の政治資金パーティーの際に発行される領収書だった。

昔からの慣習で、パーティーでは、受付で代金を受領する際に日付や宛名が空欄になっている領収書を発行していた。これは「不正のため」ではなく、あくまでもスムーズに受付を済ませるためだ。千人程度が集まるパーティーで、受付がいちいち領収書を書いていたら時間内に受付などできない。そこで、白紙の領収書を渡し、参加者自身に書いてもらうようにしていたのだ。

そうしたなか、自民党の菅義偉《よしひで》官房長官と当時防衛大臣だった稲田朋美先生が、参加した政治資金パーティーにおいて、金額まで白紙の領収書を受け取ったとして、野党から追及を受けたことがあった。ここで起きた議論が、「領収書とは何か」だった。

政治資金に関する取り扱いを所掌するのは総務省であるため、当時総務大臣だった高市早苗先生が矢面に立たされた結果、「領収書は主催者側が発行するものである」という見解を示すに至ったようだ。

当然といえば当然の見解なのだが、そうなると、従来のように宛名や日付を空欄にした領収書を発行して参加者に書いてもらうと、領収書の偽造になってしまう。

そこで私たち秘書は、どう対応するか頭をひねって考えた。その結果、今のやり方はこうなっている。パーティーの受付で当日、代金と引き換えに記入用紙を渡し、後日、用紙に領収書に記すべき日付と宛名を記入してファックスで送ってもらえば、必要事項をすべて記した領収書を発行するのだ。

ところが、このやり方にしてから、パーティーの翌日には、秘書は領収書発行に追われるようになってしまった。領収書の宛名書きをして、参加した議員の事務所に領収書を配って歩き、遠方にいる人には郵送をする……。

結局、あの騒動によって何が変わったかというと、単に秘書の仕事が増えただけだった。

支部には三つの口座がある

ここからは、支部や資金管理団体で集めた資金が、最終的にどのように流れていくのかを見ていきたい。実は、かなり〝怪しい〟話もある。

支部には三つの口座がある。「助成金口」「基金口」「一般口」だ。

まず政党助成金の流れについて説明しよう。国民が納めた税金から一人当たり年間二百五十円、総額三百二十億円が政党助成金に充てられており、一定の要件を満たす政党に分配されることになっている。分配額は、国会議員数や、国政選挙の得票率に応じる。

各党で受け取った政党助成金は、その後、党に所属する議員に分配される。このときの分配額は、単純に議員の数で頭割りするだけ。一回生だろうが、ベテランだろうが同額だ。国民から選ばれた国会議員であることに変わりはないため、金額に違いをつけたとあれば大問題になってしまう。

ただし、唯一共産党だけは「政党助成金は憲法違反」と主張しており、一切受け取っていない。私は共産党に払われるべき政党助成金がどうなるか気になって、総務省に確認してみたところ、共産党の分も含めた合計額を、共産党以外の政党で分配しているとのことだった。つまり、共産党の議員が増えると、他の政党の資金が増えていくという矛盾が起きているようだ。

このように各党に分配された政党助成金は、その後、党に所属する議員各自に流れていく。現在の自民党では、各議員が年間で八百万円くらい受け取っている。支部に用意している政党助成金用の口座に、年四回に分けて振り込んでもらうのだ。ここで受け入れる口座を、私たちは「助成金口」と呼んでいる。

助成金口は、一円単位で支払い項目を集計して、年度末の時点で残金があれば、全額を別の口座に移す。このときの受け入れ口座を「基金口」と呼ぶ。

助成金口や基金口から支出できる内容については、「党員拡大のための活動費」に厳しく限定されている。具体的には、国政報告のための新聞や、ポスターやチラシを作成する費用が多くを占めている。何に支出したかは、毎年の収支報告書において明らかにして、チェックを受けなくてはならない。

いくら政治活動に積極的な事務所でも、年間八百万円を使い切ることはそうそうないため、基金口には毎年資金が貯まっていくことになる。この残金は、国会議員が亡くなったり引退したりして、支部が解散したタイミングで国庫に返すことになっている。つまり、政党助成金については、最初から最後までお金の流れがクリアになっているということだ。

ここで私が問題にしたいのは、支部などが持つ三つ目の口座である「一般口」についてだ。一般口とはつまり、政党助成金ではなく、献金の受け皿となる口座のことだ。ベテランの大物代議士になると、数億円単位の資金がこの口座に入っているだろう。

さきほど、助成金口と基金口の残金は、最終的に国庫に返納すると記したが、一般口についてはそのような規定がない。総務省に確認してみても、「事務所にお任せします」という回答だった。

国会議員が支部や資金管理団体等で扱う資金は、残金や入出金の内訳を収支報告書で報告する義務がある。この報告義務は、たとえ落選した議員であっても、本人が政治活動を続けるとして支部を残している以上は、変わらない。

ところが、支部が解散した途端、一般口に残した資金については、国による管理から外れるわけだ。

支部を解散したときの残金は誰のもの？

こうした事情については、国会議員の間でも、ほとんど知られていない。議員が引退して、支部の解散届を出す段階になって、「お金はどうしたらいいのか」という問題にぶつかり、総務省に確認することになる。そこで初めて、「返さなくていい」ことを知るわけだ。そうすると、一般口に残されていた資金は、議員個人が懐に入れてしまっている可能性が高い。

私が、とくに気になっているのが、すでに死亡した代議士の事務所についてだ。仮にB先生と記す。B先生の事務所が解散する五年ほど前には、B先生が持つ政治団体に三億円を超える資金が貯まっていた。

B先生の収支報告書に私が着目したきっかけは、事務所内のトラブルによって会計責任者がクビになったという話を聞いたからだ。彼が会計責任者だった最後のころの収支報告書を見てみると、人件費として、五千万円以上もの資金を支出している。

私はこの事務所を知っているが、事務所のスタッフは、金庫番となる筆頭秘書と、運転手役の若手秘書、それからお手伝いのような高齢の女性がひとり……。どう考えてもそんなに人件費はかからない。

会計責任者が変わってから、収支報告書の書き方がずいぶん変わったが、それでも不可解な資金の流れがある。B先生が関連しているであろう団体に対して、毎年数千万円単位のお金を、寄付金という名目で動かしているのだ。

こうした多額の支出がありつつも、最終的にB先生の政治団体には一億円以上の残金が残っていた。このお金はどこに行ったのだろう。もしB先生に後継者がいて引き継いだということで、新たに収支報告書に計上されているなら問題ない（後継者が親族の場合、この資金の引き継ぎを実質的な相続税逃れと言う人もいる）が、そんなこともなさそうだ。

ここで、さまざまな疑問がわく。五千万円を超える人件費は本当に給料として支払われたものなのか、多額の資金を移動した団体はどういう団体なのか、最終的に残った一億を超える資金はどこに流れたのか。さらに、それぞれの資金について、税金の問題はどうなっているのかも気にかかる。

これらの資金は、もとをたどれば、〝政治活動のため〟という名目で集めたもののはずだ。それにもかかわらず、個人の懐に入ってしまい、さらには税金逃れの温床になっているのだとしたら……。国としても、「お任せします」などとは言っていられないはずだ。

第五章 裏情報に強い人ほど清廉潔白

議員の情報源

頼りになる役所レク

価値ある情報をいかに効率的に集められるか。そこに国会議員としての力量が表れると考えている。政策を考えるうえでも、未来を先読みして出世争いをリードするためにも、日頃からの情報集めは欠かせない。

すでに記したように、国会議員の仕事には、法案や国会での質問などを考えたり、日々の部会や委員会に出席したりと、専門的な知識を必要とする場面が少なくない。自分で国会図書館などで本を読み調査することもできるが、なかなか必要な情報にたどり着けない。そんなとき、もっとも頼りになるのが、「レク」だ。

レクとは、霞が関の省庁に勤める役人から、議員が定めたテーマに沿ったレクチャーを受け、議員から質問する場である。時間は通常三十分程度。議員会館の中に省庁の担当課長や係長が集まって行われる。

レクを準備する手順としては、議員から指示を受けた秘書が、役所にアポを取るところからはじまる。ここで難しいのが、「どの省庁に声をかけるか」という問題だ。

議員が設定するテーマによって所轄する省庁は変わる。ひとつの省庁の複数部署が関係するテーマもあれば、省庁自体をまたぐケースもある。テーマによっては、役所の担当者が何十人と集まるようなこともありえる。

ポイントを絞ってレクのテーマを出してくれる先生だといいのだが、要領を得ない指示だと、アポを取るのに困ってしまう。

たとえば、加計学園の獣医学部新設についてレクをする場合、ただ漠然と「加計学園についてレクをセッティングして」と指示されたら、文部科学省、農林水産省、厚生労働省という三つの省庁で、関係しそうな部署の担当者全員を呼ばなくてはならない。その分、日程調整や資料準備の手間が増えてしまう。その点、元官僚の先生だと、的確なテーマの絞り方をしてくれるし、何人呼べばいいかもわかりやすい。

私たち秘書も、役所の管轄がどうなっているのかすべて頭に入っているわけではないため、アポを取るときに迷う場合も少なくない。このようなときに頼りになるのが、国会に設置されている政府控室だ。

伝説の政府控室長

政府控室は、いわば国会と各省庁をつなぐ総合窓口のようなものだ。以前は秘書から役所の担当者に直接連絡してレクのアポを取ることもあったが、最近は窓口を政府控室一本にすることで、さまざまな先生からのオーダーに対して交通整理をしてくれている。

政府控室の部屋は参議院の別館にあり、省庁ごとに分かれた部屋には、十名程度の役人が机を並べて仕事をしている。衆議院と参議院それぞれの議員の秘書から、いろいろなレクの依頼の電話が入ってくるようで、とても忙しく見える。ときどき、本会議に出る大臣が、本会議のスケジュールが押しているときなどに、政府控室の小さな応接スペースで待機していることもあり、部屋の中はいつも賑やかだ。

政府控室にいる役人は、日頃から国会と役所のあいだに入って苦労しているせいか、役所に戻ると出世する人が多い。彼ら役人と良好な関係を築くことができれば、レクをスムーズに実施できるだけでなく、彼らが役所に戻ってからも情報交換をしてもらえる可能性もある。

余談だが、政府控室の室長は、たいていは一年か二年で交代し、役所に戻れば課長クラスになるのが一般的だ。ところが、過去に旧大蔵省の室長が、政府控室のスタッフ期間を含め、約三十年間も変わらなかったという前代未聞の人事があった。

役所の人事は、部署を変えながら昇格していくため、同じ部署のまま動かないというのは、ある意味、降格人事のように見える。しかし、この室長さんは、問題を起こしたり、能力が不足したりしていたわけではなく、議員や秘書とのコミュニケーションのとり方が抜群にうまく、むしろ優秀すぎて動かせなかったのが実情のようだ。

いつしか大蔵官僚出身の議員にとっては、頭の上がらない存在になり、秘書仲間のあいだでも、「あの室長さんを知らない人はモグリだ」と言われるまでの大ベテランになっていた。とはいえ、ご本人は最後まで腰が低く、とてもいい方だった。

あの室長さんのような頼れるベテランが政府控室にいてくれると、役所レクの手配もスムーズに運ぶし、私たち秘書としても助かるのだが、あんな人事はあれきりだ。おそらく、もう二度とないだろう。

新聞記者からオフレコ情報を仕入れるには

政治家にとっては、表に出てこない生の情報が命だ。まわりの議員の個人情報や、党の国対の動きなどの裏情報を押さえておけば、選挙や党内の出世争いにおいてリードすることができる。裏情報を集められる国会議員は、やはり強い。

こうした裏情報を仕入れるルートは、議員によってさまざまだ。一般に、選挙区となる地元では地方議員とつながりがあるため、情報を仕入れることもできるが、東京ではそうはいかない。それぞれに独自の情報源を見つける必要がある。

このとき、国会議員同士の夜の会合などで得られる情報もあるが、同じ国会議員だと派閥などのしがらみがあり、百パーセント腹を割って話すわけにはいかない。

そこで頼りになるのがマスコミ、それも政治部の新聞記者が最も旬なソースになる。政治部の記者は、普段から特定の議員に張り付いて取材をしている。そのため生の情報をいち早く手にしているからだ。

ただし、国会議員がいきなり記者に「情報をくれ」と言ったところで、たいした情報を得ることはできないだろう。価値があるのは、記者が持っている、いわゆる〝オフレコ〟の情報に限る。

オフレコ情報を流してもらうのは、記者にリスクを負わせることでもある。「オフレコだから」と言われて記者が仕入れた情報を流してもらうわけだから、記者は「裏切り者」と呼ばれかねない。

それでも彼ら記者が情報をくれるのは、「この先生に情報を渡せば、日本のためになる」という正義感や使命感があるからだろう。オフレコの情報を得るためには、記者にそう思わせるだけの議員でなくてはならない。

記者と議員の情報交換は、夜中に行われることが多い。私がベテランの代議士に仕えていたとき、先生が夜の会合を終えて議員宿舎や自宅に戻ってくると、数名の記者が待機していた。先生も当然疲れているが、「来てたのか、じゃあ中に入って」と声をかけ、部屋に入れていた。

このとき、記者をまとめて宿舎に入れることもあるが、本当に大切な話をするときは、必ずひとりずつだ。ふたりきりにならなければ、「今日の国会はどうでした？」といった毒にも薬にもならない情報しか交換できない。

宿舎に入れる記者の順番には、記者同士のルールがあるらしい。マスコミも縦社会のようで、会社が違っていても、経験年数が長い記者が優先されるようだ。ときおり調整がうまくできずに言い争いになっている場面を目にすることもあった。

記者が宿舎の中に入ると、私たち秘書はお茶や水割りなどを出してもてなしていた。そこから秘書は席を外し、議員と記者の一対一の情報交換がはじまるわけだ。当然、記者から情報をもらう見返りに、議員も情報を提供している。交換される情報は、ある程度外に出せるものもあるが、原則は口外しないものとして扱われる。そこは信頼に基づく紳士協定が結ばれているようだった。

たとえ記者から聞き出した情報が、どこにも出すことのできない、完全なオフレコであっても、議員にとって価値はある。

たとえば、ある議員について、「裏では先生と違う意見のようですよ」という情報をもらっていれば、いかに相手が表面上は仲間のような顔をしていても、腹のなかで、「この人の気持ちは、本当は違うんだな」と認識しながら付き合うことができる。誰が敵で、誰が仲間かという判断は、国会議員にとって重要なものだ。

政治部の女性記者は美人ばかり

このように、国会議員と記者の関係は、昔から信頼関係によって築かれているものだが、最近は、その関係が薄くなってきているように思う。

そう感じる理由のひとつに、女性記者が増えてきたことがある。昔は、国会議員に会いに来る女性はテレビの関係者くらいで、政治部の新聞記者は完全に男だけの世界だった。

女性の新聞記者を目にするようになったのは、小泉政権のころからだと記憶している。少しずつ増えてきているのは時代の流れだろう。一方で率直に感じるのは、「危ない」ということだ。

さきほど記したように、記者は夜中に議員宿舎の部屋に入り、議員とふたりきりで話をすることになる。それだけで何が起きてもおかしくない危険な状況だというのはわかるだろう。しかも政治部の女性記者は美人ばかりときている。

もしかすると、美人の女性を行かせることで、情報を引き出しやすくする狙いもあるのかもしれない。その意味では、女性議員のところにイケメンの記者を向かわせることもあるだろう。しかし、部屋に入れるだけで気を遣うようでは、お互いに十分な情報交換ができないのではないだろうか。

とくに、最近の議員を見ていると、セクハラなどの問題を起こしかねないような人が多いから心配だ。記者を相手に何かをやらかしてスキャンダルになると、目も当てられない。

若手議員はガセネタに引っかかりやすい

ここまでに書いた国会議員と記者の関係は、あくまでベテラン議員に限った話だ。当選回数が一回や二回くらいの若手議員は交換できるだけの情報を持たないため、そもそも記者は寄ってこない。

記者が議員宿舎まで追いかけて来るのは、委員会で副委員長や理事クラスになってからだろう。そうした役職を与えられる前の平場の議員は、宿舎に帰ったら寝るだけなのが実情だ。

そのため、若手議員は情報集めに苦労することになる。元官僚であれば、その官庁の情報をもらえる可能性はあるだろうし、元地方議員であれば地方のつながりを使うこともできるだろう。ベテラン秘書がついていれば、秘書のネットワークを通じて情報収集をする先生もいる。

しかし、こうしたバックグラウンドがなく、秘書も経験が浅いとなると、頼れるのは同期同士の横のつながりか、せいぜい一つ上の先輩議員くらいしかいない。当然ながら、たいした情報を集めることはできないだろう。

だから、こうした若手議員に積極的に近づいてくるマスコミがいたら、秘書としては、「利用されているんじゃないか」と警戒せざるをえない。しかも、若手議員はガセネタにすぐ引っかかってしまう。騙されているのが明らかなのに、「すごい情報をもらった」と嬉しくなって、周囲にガセネタを振りまいてしまうから、困ったものだ。

最近、とくにひどい事例があった。ある若手代議士のもとに、「安倍総理がステージ四のガンだ」という情報が入ってきたのだ。ステージ四と言えば、末期で死が近いということになる。もちろん明らかなガセネタで、私も最初に聞いたときは笑ってしまった。しかし代議士は真剣そのもの。信じきっている様子だ。

状況を聞いてみたところ、発端は、森友学園の問題で昭恵夫人が騒がれていたころ、国会議員のあいだで、「安倍総理を国会以外で見かけない」という噂が流れたことにあるらしい。選挙の応援にも来ないし、何かおかしいという話が出はじめ、やがて「安倍総理はガン」という話に飛躍してしまったようだ。噂には尾ひれがつき、安倍総理の自宅にも慶應大学病院のガン専門の医療チームが入っているなどといった、具体的な話まで出ていた。

情報の出どころを聞いてみると、先輩議員から耳打ちされたようだ。私は「やはり」という思いだった。若手議員が先輩からガセネタを握らされてしまうのは、昔から変わらない伝統のようだ。

私自身、長年の秘書経験から、もっとも信頼できるソースは政治部の記者だと実感している。官邸番の記者は情報を漏らしたことがバレると出入り禁止になるため情報をくれないが、そのほかの政治部の記者は、つながって信頼関係を築いておくと貴重な情報源となってくれることがある。

清廉潔白でないと腹を割って話せない

若手議員と記者がつながるチャンスは、国対の仕事にある。すでに書いたように、自民党では一回生議員は必ず国対で仕事をし、先輩議員の世話などに汗をかかなくてはならない。

国対の仕事には、若手の教育という目的もあるため、先輩から厳しく叱責を受けることが少なくない。その場面を横から見ているのが国対番の記者だ。彼ら記者は、二十代くらいの若者が多いため、若手議員と国対番の記者は自然と話をしやすい関係になるようだ。

もちろん、はじめから情報交換ありきの関係ではない。厳しい先輩の愚痴を互いに言い合ったりして、楽しく飲み食いしながら関係を深めていく。なかには、「記者ごときと飯は食わない」なんて偉そうなことを言う勘違い議員もいるが、そういう議員は貴重な情報源を自ら逃していることになる。

私が仕えていた代議士は、若手記者や官僚の若手を集めて一緒に焼き鳥屋に行くような付き合いを長年続けていた。土日にゴルフを一緒にすることもあり、記者たちから慕われていた。これが、何年も後になって生きてくる。

遊びからはじまった関係が続くうちに、代議士も記者も互いに出世していく。「何か面白い話はあるかい」と世間話をしているうちに、相手も新聞社のデスクになったり、NHKの偉いさんになったりしていて、貴重な情報を持つようになっていく。やがて、自然と裏情報の交換がはじまっていくわけだ。

このように、記者から裏情報をもらえるだけの信頼を築くには、若手のころから、それなりに長い時間をかけなくてはならない。

このような深い付き合いをするために、重要なことがある。清廉潔白であることだ。何か後ろ暗いことがあると、「いつ自分のことをスキャンダルにされるか」という猜疑心を抱えながら、記者と付き合うことになってしまう。腹を割った情報交換はできなくなるだろう。

最近の議員を見ていて感じるのは、誰にでもいい顔をしようとするあまり、記者と腹を割った話ができていないのではないか、ということだ。記者からの追及にも、どこか弱腰だ。後ろめたいことがなければ、そんな追及は無視して、自分と合う記者との関係を大事にすればいいわけだから、彼らなりに不倫や金の問題など、脇の甘さを自覚しているのかもしれない。

結局、価値ある情報を集められるかどうかは、「信頼に足る人物になれるかどうか」にかかっているようだ。

第六章　その ネタ元の九十九%は秘書　議員のスキャンダル

秘書でなければ持ち出せない内部文書

政治家のスキャンダルの元を辿ると、九十九パーセントは事務所内部の秘書に行き着く。

私がそう確信するのは、スキャンダルのほとんどが、秘書でなければ知りようのない情報がソースとなっているからだ。辞めた事務所に遺恨のある秘書が情報を漏らしているのだろう。残る一パーセントは、公開されている収支報告書から不正な資金の流れを把握されるというものだ。

もちろん、怪文書や噂話を発端としてマスコミがスキャンダルに目をつけることもある。それでも最終的に裏付けを取ろうとするなら、秘書から言質をとるしかない。

最近のスキャンダルで、「秘書がやったな」と感じたのは、元文部科学大臣の下村博文先生の件だ。加計学園から収支報告書に記載しないヤミ献金二百万円を下村先生の支援団体が受け取ったと週刊文春で報じられ、後援会の帳簿など事務所の内部文書も公開されていた。あの内部文書は、秘書でなければ持ち出すことはできないはずだ。

下村先生自身も、その後に開いた記者会見でヤミ献金の受け取りは否定しながらも、報じられた内部資料は元秘書が持ち出した可能性が高いと説明していた。

ちなみに、下村先生の加計学園からのヤミ献金のニュースがあそこまで大きな話になったのを見ると、リークした相手は政治部ではなく、社会部の記者だったと推測する。

同じ記者でも、政治部と社会部のスタンスはまったく異なる。前者は「その情報を表に出すことが国のためになるか」という意識があり、内容によっては取り上げないという良心がはたらく。一方の社会部は、ひたすらスキャンダルを求めてくるのだ。

普段、国会議員のまわりは政治部の縄張りだ。ただ、ひとたび議員のスキャンダルが出ると、政治部の記者は一斉にいなくなり、社会部の記者に入れ替わる。そうなると、あとはひたすら「いつ辞任するんですか？」という話になっていき、新聞の紙面構成も政治面から社会面に移る。あれは面白い現象だ。

話を戻そう。下村先生の場合もそうだと思うが、国会議員の事務所の資金管理は議員本人ではなく秘書が行っている場合がほとんどだ。だから、政治とカネの問題を誰よりも早く把握するのは、秘書ということになる。

こうした問題は、たとえ秘書が把握したとしても、口を閉ざしてさえいれば表に出ることはないため、議員に相談して対処することもできたはずだ。それがスキャンダルになってしまうのは、議員と秘書の関係がうまくいっていなかったからだろう。

わかりやすい例は、暴言がスキャンダルになった豊田真由子のケースだ。あんな風に、秘書が一生懸命やっていても認めず、むしろストレス発散のターゲットにしてサンドバッグのように暴言を浴びせるような議員なら、秘書としてもどうにかしてスキャンダルにしたいと思うのは無理からぬことだ。

ボスのバッジを外させたい

秘書同士の仲が悪くなることは、決して珍しくない。同じ秘書であっても、「公設秘書」と「私設秘書」に分かれ、公設秘書はさらに、「政策秘書」「第一秘書」「第二秘書」に分かれている。階層ごとの上下関係があり待遇も異なるため、秘書はそれぞれに上を目指して争うことになる。不満を抱える秘書も出てくる。

「人が三人集まれば派閥ができる」という言葉もある。スタッフ十名程度の事務所でも、上下関係が入り混じった派閥争いは、普通のことなのだ。

下の秘書は上の秘書の足を引っ張ろうとするし、上は上で「下の連中は面白くない」と、仕事を干すこともある。私自身も若手秘書のころに、先輩からほかの先輩秘書について「あいつはダメだろう」と言われ、派閥争いに巻き込まれかけたことがある。経験上、ああいうときは黙っているのが一番安全だ。

そうした秘書同士の対立による恨みつらみが、やがて何も知らない議員本人に向けられることになる。

複数の秘書を抱える議員は、ひとまず長年付き合いのある筆頭秘書や、せいぜいナンバーツーの言葉を重視するのが自然だ。そのため、筆頭秘書がほかの秘書のことを「あいつはダメです」と言うと、そのまま信じてしまうきらいがある。ひどいケースだと、立場の弱い秘書がクビになってしまうことすらある。

そうすると、クビになった秘書は議員に恨みを持つことになる。「どうせクビになるなら」と思い、スキャンダルにつながる情報を持ち出すこともあるだろう。

このように、秘書がスキャンダルを暴くのは、気持ちの問題が大きい。「情報を売る」という言葉があるが、実際に金銭目的で情報を渡すケースは少なく、あくまでもその議員の「バッジを外させたい」というのが本当のところだと思う。

　このような事態を避けるためには、議員は秘書との関係を良好に維持しなくてはならない。それができていれば、秘書はむしろ議員を守ろうとする。秘書にとっては、仕えた先生が出世することが一番の仕事のやり甲斐なのだ。スキャンダルになるようなことは自分自身もしないし、議員にもさせないというマインドがある。秘書がこうした気持ちでいれば、スキャンダルがあっても表に出ることを避けられるし、仮に表に出てしまったとしても、被害を小さくすることができる。

　元経済産業大臣の小渕優子先生の場合、収支報告書に未記載の費用があるとして、政治資金規正法違反のスキャンダルが発覚した。このとき、かつて小渕先生の秘書であった群馬県中之条町長が、責任は自分にあるとして町長を辞任して小渕先生を守ろうとした。

　実際、お金の管理は秘書がやっている場合が多いため、たしかにその町長さんに責任があった可能性は高いが、彼が小渕先生に恨みを持っていたなら、「責任は代議士にある」と言って、小渕先生の政治家生命を断とうとしただろう。

　議員の皆さん、秘書との接し方には、気をつけたほうがいいですよ。いつもは何を言っても文句ひとつ言わない秘書でも、生活があるから我慢しているに過ぎない。いずれ我慢が限界に達すれば、辞職覚悟で議員を追い落とそうとするはずだ。

不倫の兆候があっても秘書は見て見ぬフリ

最近は国会議員の不倫スキャンダルも多い。こうしたプライベートな問題も、秘書はいち早く察知する。秘書は議員と毎日を一緒に過ごしているため、どうしても議員の動きや言動に敏感になってしまうからだ。

秘書は議員の日々のスケジュールを分刻みで管理しており、夜の時間も含め、二十四時間を把握しておく必要がある。ベテラン秘書になると、国会議員の一般的なスケジュールの流れは頭の中に入っているから、少しでも妙なスケジュールがあると、怪しいと思ってしまう。議員が東京にいるのに夜のスケジュールが埋まっていなかったり、「この時間帯は予定を入れないように」と言われることが増えたりすると、それは〝良からぬこと〟が起きているサインだ。

ベテラン議員であれば、政治家同士の秘密の会合もあるだろう。その場合は、情報が漏れる恐れがあるため、事務所のスタッフにも絶対に言わない。万が一情報が表に出たときに、「うちの事務所は漏らしていない」と言い切れなくなるからだ。しかし若手議員であれば、そんなことは絶対にありえない。「プライベートで何かあったな」と思うほかないのだ。

スケジュール以外にも、議員の不倫を察知するきっかけはある。それが「電話のやりとり」だ。最初は特定の相手からの電話が多くなることに気づく。やがて事務所にかかってきていた電話が携帯電話でのやりとりに変わっていく。そうなると、同じ部屋にいる秘書のあいだで、「なんか怪しいね」と噂話のネタになる。

とはいえ、不倫の兆候が見えたところで、秘書から議員に対して「気をつけてください」なんて言うことはない。本人に忠告したところで煙たがられるだけだから、見て見ぬフリをするのが普通だ。そこに首を突っ込むような秘書だと、結局何か理由をつけられてクビにされるのがオチだろう。ただ、議員に恨みを持つ秘書であれば、「いつか表に出してやろう」と思いながら口をつぐんでいることもあるはずだ。

昔は、今のように国会議員の不倫スキャンダルが頻繁に出ることはなかった。その理由としては、不倫相手が銀座のクラブママや料亭の女将さんなど、口が堅いプロの女性が多かったからだと思う。しかも議員は、不倫相手の生活費の面倒を見たり、子どもを認知したりして、恨みから表沙汰にされることのないよう配慮していたようだ。

しかし、やはり不倫相手や家族に被害者意識を持たれてしまうと、たとえ秘書がバラさずとも、やがてスキャンダルになってしまうのだ。

過去には、女性スキャンダルをきっかけとして、将来の総理大臣と目されながら落選した山崎拓先生や、わずか六十九日で総理大臣を辞めた宇野宗佑先生のケースがあった。いずれも愛人側が告発したもので、大きなスキャンダルになった。金銭目的よりも、ひどい目にあわされた相手への復讐の気持ちが強かったようだ。

一方、被害者から訴えられたのに、たいしたスキャンダルにならなかったケースも知っている。こちらは不倫というよりはセクハラなのだが、ある既婚のベテラン代議士が年の割に好き者の先生だったようで、女性秘書のお尻を触るなど頻繁にセクハラ行為をはたらいていたらしい。しかも、ほかの秘書も見ている前で、だ。

被害にあった女性秘書は既婚で、お子さんもいるのに、セクハラがやまないものだから、たまりかねて事務所を辞めることになった。このときに旦那と相談したところ、「訴えるべきだ」と言われ訴訟にまで発展したというのだ。

この話は代議士の奥さんの耳にも入ったようだが、「うちのバカ亭主は女好きで、セクハラで訴えられちゃって。高い金出しちゃった」などと平気な顔で奥さん連中に話をしていたらしい。噂は瞬く間に広がり、一時期はウィキペディアにもセクハラの件が掲載されていたくらいだ（今は完全に消されている）。

ここまで情報が漏れても、たいしたスキャンダルにならず、今でも現役の議員を続けている。考えてみると不思議なものだ。

不倫がスキャンダルになるかどうかは、議員のキャラクターも影響するのかもしれない。

マスコミが取り上げなければ怪文書で

もし秘書が議員のスキャンダルを表沙汰にしようと思えば、まずはマスコミとの個人的なつながりを頼ることになるだろう。自分につながりがなくとも、ベテラン秘書なら秘書仲間を通じて紹介してもらうことができる。さすがに、いきなり週刊誌に持ち込むようなことはないはずだ。

ただ、マスコミに情報を流したところで、裏付けとなる情報が不十分な場合であったり、ニュースとしての価値が低かったりすると、取り上げてもらえないこともある。とくに政治部の記者に情報を流すと、先に書いたように、「この情報は議員の将来のためには出すべきではない」と判断して公開を控えることもある。

憎き国会議員を貶《おとし》めたい、しかしマスコミは取り上げてくれない。そうなると、取り得る方法は、「怪文書を流す」ことになる。

議員会館では、よく匿名の怪文書が出回る。ペースは半年に一度くらいだろうか。特定の議員や秘書の実名を挙げ、不倫や金の不正、パワハラなどのネタで糾弾する文章がびっしりと書かれたファックスが、突然送られてくる。

最近回ってきた怪文書の内容を、かいつまんで説明しよう。ここで吊るし上げられているのは、議員本人ではなく、その〝イケメン〟男性秘書のこと。その秘書には「永田町のセックスマシーン」との噂があり、十人以上の女性をホテルに連れ込んでいて被害者が次々と増えているから永田町から追放しよう、といった内容だ。

この怪文書には、「私も被害者のひとり」と書いているが、文章が全体的に不自然だし、はっきり言ってデタラメなものだとすぐにわかる。とはいえ、火のないところに煙は立たないというから、このイケメン秘書を恨みに思っている人間がどこかにいることだけは確かだが……。

こういった怪文書は、すべての国会議員の事務所に送られてくるわけではない。ひとつかふたつ、特定の事務所にファックスで送ったものが、秘書のネットワークを通じて広まっていくという流れだ。最近はＬＩＮＥやメールに添付ファイルをつけて拡散されている。

怪文書を流しているのは、やはりどこかの事務所の秘書だろう。噂話を面白おかしく広めるスピーカーとなる秘書のいる事務所を狙って送りつけるあたり、秘書でなければ不可能な手際だと感じる。

一方、自分のことを書かれた怪文書を目にした議員は、やはり怒り出す。「相手を見つけ出せ！」と言い出すのが常だが、私は「落ち着いてください」と言い、無視することを勧めている。

いったん怪文書が出てしまえば、もはや火消しをすることはできない。慌てて回収すると、むしろ怪しまれてしまうから、何もなかったかのような顔をして過ごすのが一番だ。もし誰かから怪文書について聞かれても、「関係ないですよ」と答えるだけに止めるべきだろう。過去に、怪文書を流された代議士から、「被害届を出せ」と指示されたこともあるが、そんなことをしたところで、はっきり言って時間と労力の無駄だ。

怪文書のほとんどはガセネタなのだから、堂々としていればいいのだ。しかし、ごくまれに怪文書に書かれていた内容が裏を取られて週刊誌に出ることもあるから、びっくりする。そのタイミングが国会で与野党が激しく対立しているときだったりする場合は、与野党の国対が動いた可能性もないわけではない。

国対には、国会を〝スムーズに〟運営する役割がある。前に記したように、そのために与野党で協力して、質疑などを調整することもあるが、ときには相手陣営のスキャンダルを探るために国対が動くこともある。

そのとき国対が狙うのが、やはり議員の秘書だ。それも、議員に何かしら恨みを持って辞めていった元秘書が望ましい。自分たちの党にとって邪魔な存在がいれば、元秘書を一人ずつ当たっていくことになる。そのうち、情報を持っている秘書にヒットすれば、相手陣営を攻撃する材料を手に入れることができる。まるで探偵だ。

国会では与野党は互いに厳しく追及し合っているわけだが、ブーメランとなって害を被ることもある。相手を責める前に、まずは自身の襟を正せということだろうか。

ここまで書いてきたように、スキャンダルの裏には、必ず人の恨みが隠れている。それは秘書かもしれないし、不倫相手かもしれないし、同じ国会議員ということもある。

スキャンダルを避けるもっとも確かな方法は、普段から人に恨みを抱かれないようにふるまうことだろう。

第七章　プロは公示前に決着をつける　議員の選挙

地方議員ピラミッドが動く地方型選挙

同じ国政選挙であっても、東京や大阪などの都市部を選挙区とするものと、地方を選挙区とするものでは戦い方が大きく異なる。ここからは、前者を都市型、後者を地方型として説明していきたい。

地方型の場合、多くの人が国政選挙のために動いてくれる。応援者は、県会議員を頂点として、市議会議員、町長といったピラミッドになっていて、このピラミッドが、国政選挙がはじまると一斉に動き、選挙の実務の多くを担ってくれるのだ。私たち秘書は、彼らがスムーズに動けるようにお膳立てすることが仕事になる。

地方議員などが国政選挙を積極的に応援してくれる理由は、お互いにウインウインの関係にあるからだ。同じ党の議員が、国政においても、地方においても勢力を持っていれば、何かと話を進めやすい。

だから、逆に地方議員の選挙がはじまれば、国会議員が応援に駆けつける。国会議員としては、もし自分の仲間である地方議員が落選してしまうと、その後の選挙応援態勢が弱くなってしまうし、票が対立候補に流れかねない。

ただ、国会議員は選挙区につき一人だが、地方議員は複数存在するため、特定の地方議員だけと仲良くしていると、ほかの人間から不満を持たれてしまう。全員と平等に付き合わなければ不満が出てくるため、地方選挙の応援のときには、国会議員は地方議員全員の出陣式に顔を出し、時間が重なれば秘書が代理で出席する。「うちには来てくれなかった」と思われてしまう事態は避けたいのだ。

こうした配慮ができていないと、国会議員と地方議員の関係が悪化してしまうこともある。ときには、「応援してきたのに、地元に対して何もしてくれない」という評判が立ってしまうこともある。すると、予備選挙をして、現職の国会議員と地方議員が推す人間とを競わせようという話にもなりかねない。

このような状況から、国会議員は地方とのつながりを長年大切にしてきた。ただ、こうした地方とのつながりも、二〇〇一年からはじまった小泉政権による市町村合併によって、一度はメチャクチャになってしまった。十年以上経った今になって、ようやく落ち着いてきたのが実情だ。

お目こぼしの「ローラー作戦」

地方型選挙に多くの人員が必要になる理由は、とにかく〝量〟の勝負になるからだ。たとえば、選挙戦略として重要なものに、有権者を戸別訪問する「ローラー作戦」がある。地方の人だと、たいていは家の中にだれかがいるので、アポもなく、どんどん回って、支援する議員の顔を売って歩くわけだ。

さらに、ポスターをできるだけ広範囲に貼っていくことも重要だ。陣営のポスターが街に溢《あふ》れるようになると、それだけでほかの立候補者に対する圧力になる。地味ながら、これも選挙戦略のひとつである。

もちろん、ポスターのデザインにもこだわっている。ここでお願いする印刷会社は、やはり地元の業者が望ましい。技術的には東京の印刷会社を使いたいときもあるが、地元の業者を使えば票につながる可能性も期待できる。もちろん、票と引き換えに発注するのであれば公職選挙法に抵触する恐れがあるが、あくまでサービスに対する代価として払っているわけだから問題はない。

カラーリングやレイアウトなど、デザインをプロにお願いするのはもちろんだが、ポスターで力を入れているのは、むしろ〝言葉〟のほうだ。ポスターのデザインには公職選挙法による規制があり差別化が難しいため、インパクトを与えるキャッチフレーズが欠かせない。ときにはコピーライターに高い金を払って考えてもらうこともある。

こだわったポスターが完成すれば、あとはポスターを貼る場所探しだ。建物オーナーや地主さんに当たり、できるだけ広範囲に貼らせてもらう。

このように、地方型選挙では、戸別訪問やポスター貼りを通じて有権者の反応をダイレクトに感じることができる。その結果を集計すれば、投開票日の前にして、ある程度の票読みも可能だ。

ただし、戸別訪問はもちろん、禁止場所へのポスター貼りや、「拝み看板」など禁止された方法でのポスター掲示を、議員の任期満了の日の六ヵ月前から、または衆議院の解散の日の翌日から、選挙の期日までを含む選挙期間中に行うのは、公職選挙法違反になる。対立候補の陣営がつねに目を光らせているから、見つかればあっという間に選挙管理委員会や警察に通報される。

通報された選管や警察は、まずその事実を確認してから選対に電話をかけてきて、対応する私たち秘書が注意を受けることになる。こちらは「申し訳ありません、すぐに改善します！」と平謝りだ。

しかし、一回目で直ちに違反に問われることはない。地方にもよるだろうが、私の経験では三回目まではお目こぼしをされるようだ。だから私たちの間では、「三回までは大丈夫」という不文律が共有されている。地方の場合、もし戸別訪問をまったくしなかったら、「どうしてオレの家に来ないいんだ！」と支援者のほうから逆に怒鳴り込まれる事態になるだろう。

一方、都市型の選挙では、まったく戦略が異なるため、このような票読みは絶対に不可能だ。

都市型選挙のポイントは情に訴えること

地方型と異なり、東京や大阪などを選挙区とする都市型の選挙は、議員自らが動くしかない。もちろん、都市部であっても知事や地方議員はいるが、彼らには国政選挙を応援する意欲がないのだ。せいぜい当番制で選挙応援として顔を見せる程度で、彼らが必死に動く様子を見たことはない。

少ない人員で戦う都市型の選挙では、国政報告の新聞を出す、ポスターを貼るといった、地方型の選挙では当たり前のこともやらない。私自身、東京に長年住んでいるが、「これでよく選挙できるな」と思ったものだ。

しかし、それでも議員の〝顔〟さえ見せれば、それなりに戦えるのが都市型の選挙。ポイントは情に訴えることだ。

都市部に住む人であれば、平日の朝、駅頭で国会議員がハンドスピーカーでしゃべっているのを見たことがあるだろう。たとえば、元総理の野田佳彦先生は、地元である千葉県のおもに船橋駅前に何十年も毎朝立っていた。朝六時から二時間、秘書が場所を取ってビラなど配るなか、たとえ数分であっても本人が姿を見せて話していた。雨が降ろうが雪が降ろうが、お構いなしだ。

駅頭に立つ議員が話す内容は最近の国会の近況などだが、通りかかる人々にはほとんど聞き取れないだろう。当の議員は、「それでもいい」と考えている。というのも、とにかく毎日視界に入れてもらうことで、「がんばっているな」というイメージがつきさえすればいいのだ。駅のほかにも、客の多いスーパーの前の交差点で演説をしたり、目立つ服や旗を用意して自転車で街中を走り回ったりと、とにかく目立つことが大事だ。

ところで、駅頭で演説したり街中で有権者に言葉をかけたりする際に、「本人」と書かれたタスキをかけているのを見たことがないだろうか。顔が知られた有名議員ならともかく、名前も知らない新人議員が「本人」とは笑止だと思われるかもしれない。

しかし、公職選挙法では選挙期間中以外で立候補予定者が個人名を書いたタスキを身につけるのは禁止されている。それでも何とかして目立ちたい。そこでひねり出された苦肉の策が、あの「本人」タスキなのだ。よくそんな奇策を考えついたものだと思う。

政党色を出したくない都市部の候補者

もうひとつ、都市型選挙におけるポイントに、「政党色を出さない」というものがある。これは、有権者の性質によるものだ。

都市部の有権者の多くは、地元を離れて出てきたサラリーマンだ。地域のしがらみのない彼らは、特定の支持政党を持たない場合が少なくない。そうすると、選挙で投票するときには、〝個人〟に対して票を入れる意識になる。ここで下手に政党色を出すと、不利にはたらきかねないのだ。

都市部を選挙区とする議員が後援会を作りたがらないのも、同じ理由からだ。実際、都市部であるほど、後援会を持つ議員は少なくなっていく。後援会を作ると、どうしても党の色が出てしまうから、それよりは議員個人として動いてミニ集会を開いたりしたほうが有効なのだ。

こうした事情を知ってか知らずか、自民党の党本部からは、「集会をするなら自民党の旗を目立つように立ててくれ」というオーダーが入る。都市部の議員の本音は、「選挙に不利になるから嫌だ」というものだろう。

このような都市型選挙の特色があるだけに、選挙期間中に議員本人が顔を見せられないとなると、かなり不利になる。その点で気にかかるのが、選挙応援に駆り出される閣僚の先生たちだ。

閣僚になると、選挙応援に出ずっぱりになってしまう。選挙応援は党本部や各派閥の選挙対策本部（以下「選対」）を通じて手配するものだが、人気が集まるのはやはり現職の大臣だ。続いて、小泉進次郎先生や丸川珠代先生など、テレビに出ている有名な議員への要請が多い。ちなみに現職の総理大臣が自ら出向いている地域は、最重点地域である。

このように、閣僚の先生たちは、自分自身の選挙があるにもかかわらず、他人の応援に行かなくてはならない事態に陥る。これは大きな落とし穴だ。

さきほど記したように、地方型の選挙であれば、後援会や地方議員などが動いてくれるため、それでもなんとかなるが、議員本人頼みの都市型の場合、こんなに怖いことはない。実際、現役の大臣で落選するのは都市部ばかりだ。ほかの議員を笑顔で応援している大臣も、内心では、すぐにでも自分の選挙区の駅頭に立ちたいと考えていることだろう。

公認がないとかなり不利

なお、ここまで説明してきた選挙戦は、党で公認を受けた候補者のケースだ。これが無所属となると、選挙戦はかなり厳しくなってしまう。先の章で無所属の議員は原則、選挙費用をすべて自己資金で負担しなければならないと記したが、不利な点は、ほかにもある。

たとえば、無所属の議員だと、組織的な選挙応援を受けることができない。現役の大臣やタレント議員に来てもらえないから、人集めに苦労することになるはずだ。さらに、無所属の議員はＮＨＫの政見放送に出演することができないのも痛い。現在の政見放送は、届け出のある政党に限って放送されることになっており、無所属の議員は要件を満たしていないのだ。

これらのデメリットよりも厳しいのが、「比例復活できない」ことだろう。ただでさえ厳しい選挙戦なのに、トップで勝ち抜かなければ、国会議員を続けることさえできなくなる。

政党の公認を得られず、「だったら無所属で出てやる！」と息巻く先生もいるが、内心は相当怖いはずだ。豊田真由子はスキャンダルで離党し、無所属で選挙戦を戦ったが、やはり落選してしまった。長く国会議員を続けるには、問題を起こさず、党との関係を良好に保つことも必要だろう。

そういう意味では、普段の政治活動においても、選挙戦は続いているわけだ。

後援会名簿の目標は十万人

地方を選挙区に持つ国会議員にとって、何より大切な仲間が後援会のメンバーだ。

後援会組織をどれだけ持っているかが、そのまま国会議員の勢力を表している。国政報告会などのイベントでも集まってくれるし、選挙期間中のお手伝いもしてくれる。後援会は、国会議員にとっては票に直に結びつく、ありがたい存在だ。

後援会を作るには、地道な取り組みが必要になる。一軒一軒を戸別訪問し、議員や秘書が挨拶して、名簿に情報を書き加えながら、支援者を増やしていくところからはじまる。

この名簿には、「票を入れてくれる可能性」を評価し、ＡＢＣＤ、さらにはプラスマイナスをつけている。たとえばＤマイナスと評価するような人であれば、対立する政党の支持者など、こちらに批判的だから、下手にはたらきかけるとトラブルになってしまう。

逆にＡプラスと評価できるような人は、こちらに協力的な人だ。政治活動に加わりたいような色気が見えれば、「手伝ってください」と言って、積極的に後援会に巻き込んでいく。自民党であれば、保守系で政治好きな中高年男性が狙い目だ。

地元秘書の仕事の多くは、こうした戸別訪問によって後援会のメンバーを増やすことにある。人を増やしていかなければ、名簿に記載した人はどんどん減っていくばかりだ。とくに過疎地は高齢化が進み、毎週のように人が亡くなっている。だから、後援会の人数をその分増やしていかなくてはならない。人口自体が減っているわけだから、なかなか厳しいものがある。

後援会の名簿に載せる人数の目標は十万人。小さな選挙区でも当選するには十万票は必要だから、最低限の目標として設定している。

ちなみに、国会議員が作る後援会は一つだけというわけではない。選挙区をさらに地区ごとに分け、複数の後援会を持つのが普通だ。

後援会を分ける意味は、地域内での連帯感に期待してのことだ。地方の人は内気な人が多く、たとえ同じ県民であっても、一つの後援会にまとめるとシラけてしまうようなところがある。

地域ごとに後援会を立ち上げると、あとはじっくり時間をかけて育てていく。立ち上がったばかりの後援会は、法人ではなく、いわゆる勝手連というものだから、届け出も必要ない。この後援会が育って、イベントをして参加費をとったり、メンバーから会費を集めたりして、独自に運営できるような体制が整えば、正式な政治団体として届け出ることもできる。

そうすると、後援会のメンバーの結束も高まっていくため、私たち秘書は後援会を政治団体に育て、さらには複数の後援会を取りまとめる連合後援会まで作っていくことを目指している。

後援会長は真のブレーン

後援会を育てるには何年もの歳月と手間がかかる。しかし、せっかく作った後援会も、議員が引退してしまえば、基本的にそれまでだ。たとえ同じ党の代議士が当選しても、引き継ぐことはほとんどない。

後援会は、国会議員と支援者との絆にほかならない。数十年応援した代議士が引退するからといって、「次の候補者を支援してください」などと言おうものなら、カンカンになって怒るだろう。

例外的に、後継が奥さんや子どもであれば引き継ぐこともあるが、それでも誠実さに欠け、前の親父さんを踏み台にしようなんて考えている人は嫌われる。

私が知る、ある代議士は、二世議員ではないのだが、後継者として推してもらっておきながら、先輩議員のことをないがしろにする典型だった。仮にC先生としてここでは記す。C先生は、ある大物代議士から後継者として指名を受け、珍しく後援会のバックアップもそのまま引き継ぐことができた。

その結果、選挙に当選して、無事に国会議員になることができたのだ。ところが、当選した途端、年齢が若いうちから、「俺が神様だ」と言わんばかりの超ワンマンな態度を取るようになってきた。しかも、応援してくれた先輩の代議士のことも悪口を言う。「あの人の支援がなくても、当選できるんだ」と明言していたから、本当に勘違い男だとしか言いようがない。

そのようなC先生の態度に、当然ながら先輩の代議士も気がついていた。「何十人の中から公募で選んだわけだし、最初はいい子だったんだけどね」と後悔の言葉を口にしていたと聞くが、当選させてしまった以上、覆水盆に返らずだ。後援会も、ひとまずC先生の応援を続けるしかないだろう。

ちなみに、後援会にはトップとして会長を据えているが、地区ごとの「地区長」に引き受けてもらうことが多い。彼らの多くは、大きな農家や元市議など、民間人の名士だ。いわゆる自治会長を想像してもらうとイメージがわくだろう。

地区長は、昔から代を替えながら、連綿と続いている。たとえば自民党を応援してきた地区長が高齢になって引退すると、次の後継が選ばれ、自民党の応援を継続してくれる。ありがたい存在だ。

国会議員にとって、時間をかけて育ててきた後援会の会長さんは、真のブレーンと言えるような存在になる。地元のことに関してはなんでも相談し、互いに信頼関係で結ばれる。大きな顔をしている国会議員でも、後援会長の言葉だけは真摯に受け止めるだろう。

暴言スキャンダルで批判の矢面に立たされていた豊田真由子が、後援会長に何の説明もせずに記者会見などに臨んだことでお叱りを受けたというニュースを見た。あんな風に後援会との関係をないがしろにしている時点で、落選は目に見えていた。

宗教団体と自民党派閥のつながり

後援会の名簿は国会議員にとっての一番の宝だが、後援会に限らず、多くの人の情報が書かれた名簿は議員にとって価値があるものだ。たとえば全国的に会員を集めている団体の名簿などがそうだ。

どんな団体であれ、多くの人が所属しているところであれば、なんとかアプローチをしたいと考えるのが国会議員。それは宗教団体であっても例外ではない。

公明党は別格として、宗教団体が議員を支援している場合は少なくない。大きな宗教団体であれば選挙結果に与える影響も大きく、「あの宗教団体は信者を増やしているから票が伸びる」という分析ができるくらいだ。

信仰心などなくとも、節操なく、いくつもの団体に加盟している先生も知っている。しかし、党内の派閥によるナワバリもあるから、手当たり次第というわけにはいかない。

一般にはあまり知られていないが、どの教団が、どの派閥とつながっているか、議員や秘書であれば、おおよそ頭に入っている。ここで知らずに他派閥の議員がつながる教団に手を出すと、お叱りを受けてしまう。手を出したければ、あらかじめ仁義を切っておかねばならない。

たとえば立正佼成会や通称「朝起会」として知られる一般社団法人実践倫理宏正会は、自民党派閥の宏池会とつながりが深い。また、統一教会（現名称「世界平和統一家庭連合」）は清和政策研究会（旧称「清和会」）と関係している。統一教会は一九八〇年代に霊感商法問題を起こし、いったん政党とのつながりが断たれていたようだが、やはり全国的に信者が多いため、最近はいろいろな国会議員がつながりを作っているようだ。神道政治連盟にも、多くの議員が加盟している。

教団側にとって国会議員とつながるメリットは、〝広告塔〟としての役割だ。「この先生も信者です」とアピールすることで、信者を集めやすくできる。さらに、国会議員とつながりを持っていれば公安に目をつけられないのでは、という期待感もあるのではないだろうか。

このため、なかには党を問わず積極的に国会議員に入会を呼びかけているところもある。たとえば、朝起会は自民党の中では宏池会派閥がつながっているが、野党議員の元にも「今日はこの地区で集まります」という案内が来ている。

朝起会では、年に二回ほど会員が集まる大きな大会があり、そこで国会議員が挨拶をする時間をもらえるものだから、顔をつないでおきたいという議員もいる。ただし、大会に呼んでもらうためには、ちゃんと活動に参加しなくてはならない。朝五時の集まりに顔を出すのは、なかなか大変だ。議員本人は朝に弱いものだから、結局秘書だけがずっと早起きさせられてしまう……。

ほかの事例では、「真光の業」で知られる世界真光文明教団の場合、信者になるためには三日間の研修を受けなくてはならない。この研修に秘書と一緒に参加した議員も知っている。

とはいえ、さすがに〝危ない〟宗教団体であれば誰も近づかないようだ。かつての統一教会もそうだった。

判断するポイントは単純で、「ほかの議員とつながりがあるか」だけだ。「みんながいるなら怖くない」という心境なのだろう。

公示日までが選挙戦の肝

「選挙戦」というと、世間的には公示日から投開票日の間だと思われがちだ。選挙カーが街をめぐり、ウグイス嬢が声を上げている時期――。しかし、実は私たち国会議員や秘書が力を尽くしているのは、むしろ公示日前だ。解散が知らされてから公示日までの数日間、ここが選挙戦の肝だ。

というのも、公示日以降は、公職選挙法により選挙活動がかなり制限されてしまい、十分に動けない。もちろん公示前であっても、「票を買収してはいけない」といった規制はあるが、それでも公示後に比べると制限は緩い。グレーゾーンであってもギリギリまでできることをしようと、私たちは動いている。

たとえば、先生をアピールする広報誌やチラシなどは、公示前であれば自由にデザインを決められる。紙のサイズや質感などをアレンジして、いくらでも見栄えの良いものを作ることができる。

チラシは、後援会の関係者に郵送するとともに、選挙区にまんべんなくポスティングをする。ここはさすがに私たちスタッフだけではやりきれないため、業者に依頼することになる。相場は十万世帯で八十万円くらいだ。私たち秘書は、ときどき抜き打ちで業者がちゃんとポスティングをしているかチェックして、入っていなければクレームをつけて、やり直しをさせる。

できれば公示前に地元で集会もやってしまいたいところだ。集まってくれた支援者に向かって、これからの展望や実績をアピールしておけば、票に結びつく。

敵陣営からの妨害工作にも気をつけなくてはならない。ときに特定の議員を誹謗中傷する文章が書かれた文書が選挙区に出回ることがある。いわゆる「紙爆弾」だ。あることないこと書かれていて、中身は不倫とか、特定の業者との癒着だとか、そういった話だ。しかし、火のない所に煙は立たないわけで、まったくのデタラメというわけでもないから、タチが悪い。

この紙爆弾も地域的な傾向があり、私が知る限りでは、千葉県では紙爆弾が定着しているようだ。千葉県内に選挙区を持つある代議士は、女性秘書と関係を持っていると書かれた紙爆弾を選挙期間中にばら撒かれ、結果、落選してしまった。

ただし、こうした紙爆弾が投げられるのは、候補者の実力が伯仲している場合だけだ。刑事事件になるようなリスクを背負うわけだから、逆転できないほど差が開いているのであれば無意味だ。

ときどき、解散から公示日までの期間が短い、「短期戦」と呼ばれる選挙もある。このときは十分な準備ができなくなってしまうが、それは敵陣営も同じことだから、それほど困るわけではない。

むしろ困るのは、公示日までが長いケースだ。選挙費用は時間をかけるほどにかさむものだから、あまりに長いと資金不足に陥ってしまう。

今や昔の現金入り握り飯

こうした〝本来の〟選挙戦の時期が終わり、公示日を迎えると、そこからやることは機械的で、選挙カーを毎日出して、どの地区でもまんべんなくまわっていくだけだ。

ポスターも、公示日以降は、国から助成金が出るものの、決まったサイズとデザインのものしか使えない。これは、資金力によらず誰でも公平に選挙を戦えるようにするためだ。

ところで、何かとお金のかかる選挙戦だが、中選挙区制の時代には、「票は金で動く」という認識が定着していた。議員本人も秘書も、選挙になると、どれだけお金をかけられるかに頭を悩ませていたものだ。

地域により相場があり、多くは選挙区の有権者数かける百円程度だが、それ以上という地域もあった。とくに金がかかっていたのは、北信越の日本海側だったと記憶している。

当時、選挙期間中は選挙事務所に後援会の婦人部が集まり、朝昼晩と炊き出しをやっていた。来てくれた人には、誰も食べきれないような豪華な食事やお酒をふるまい、帰り際に握り飯を五個くらい持たせるのが常だった。実はこの握り飯、中に入っている具は鮭や昆布ではない。ラップに包まれた五百円玉や千円札が入れられていたのだ。

有権者も、こうした選挙を〝祭りごと〟として味を占めていたようで、なかには、地元の選挙事務所を全部まわって、「一番手厚くもてなしてくれた人に票を入れる」と言う人もいた。つまり、堂々と票の買収行為が行われていたのだ。

こうなると、一番羽振りのいい人間に票が集まるのは当然だ。公正な選挙など望むべくもない。あそこまでの事態になったのは、有権者にも責任があると考えている。

ときどき、「中選挙区制に戻すべき」だと主張する人がいるが、当時のことを忘れてしまったのだろうか。今では公職選挙法のルールも厳密になっており、かなりクリーンな選挙になったと実感している。

どこからともなく現れる選挙プランナー

選挙戦の戦い方については、政党によって違いはある。たとえば公明党は母体となる創価学会の組織的なネットワークを使っているし、旧社会党の国会議員も独自の手法をとっているだろう。

一方、自由党の小沢一郎先生のように、自民党を離党しても同じ戦略を続けている先生もいる。駅頭での辻立ちや、戸別訪問による泥臭い選挙戦は、昔ながらの自民党のやり方だ。この戦略は、小沢先生から選挙指南を受けた小沢チルドレンなどにも引き継がれたわけだから、野党にも広がっているようだ。

最近は、若手を中心にインターネットを活用する新たな手法を用いる先生もいる。たしかに一定の注目は集まっているようだが、そのうちどれだけが票に結びついているのか、かなり微妙だ。今のところは伝統的なやり方を続けるしかないだろう。

ちなみに、解散の話が聞こえてくると、永田町には「選挙コンサルタント」や「選挙プランナー」と名乗る人間がどこからともなく現れる。彼らは選挙戦略の立案をしたり、ポスターのデザインをしたりと、選挙にまつわるサポートを提供し、サービスの内容にもよるが数十万円単位の報酬を要求してくる。

実績として数々の有名代議士の名前を挙げているが、その効果のほどは疑問である。最初から当選するとわかっている議員ばかりを狙っているような気がするからだ。もとより、秘書や後援会がきちんと機能していれば、選挙戦は十分こなせるはずだから、わざわざ外部に頼る必要もないと思う。

秘書が眠りにつくのは投開票日前夜

さて、ここからは、選挙期間中の一般的な流れについて説明したいと思う。

さきほど、選挙戦で力を入れるのは公示日より前だと説明したが、公示日以降も、投開票日前日までの十二日間は、秘書は寝る間もない。普段は永田町にいる秘書も、電話番だけを残して一斉に地元の選挙事務所に入る。

やることはシンプルで、とにかく選挙カーで選挙区を回る。選挙区が広いと早くから出発しなくては回りきれないから、毎朝早くから動くことになる。

私が仕えた、ある先生の選挙のときは、選挙カーの出発時間を五時半ごろに設定していたため、私たちスタッフは朝四時過ぎから選挙事務所に集まって、荷物を搬入したり、ウグイス嬢のための湯たんぽやのど飴などを準備したりした。

それから、数百キロある選挙区を一日中、ウグイス嬢と一緒にまわることになる。このとき、彼女たちが選挙状況や投票率について口にすることがある。これが案外無視できない。

彼女たちは、選挙区の〝空気〟を敏感に察知している。多少なりとも関心を持ってくれているのか、あるいは完全にしらけているのか。彼女たちの話によると、たとえ「うるさい」とか「やめろ」という反対の声さえ、何も反応がないよりはマシだという。

ただ、こういうウグイス嬢が集まるのは地方ならではのようだ。地方であれば、後援会などのネットワークを通じ、声が大きくて話がうまいと評判の娘さんを集めることができる。集まってくる女性は、選挙に関心があり、地域の空気にも敏感だ。

一方、東京では、そもそも後援会がない場合が多く、選挙に関心を持つ人も少ない。そのため適当な人材を集められず、いわゆる芸能プロダクションのようなところにお願いするしかない。結婚披露宴で司会をするアナウンサーもどきのような女性が来て、さすがに発声は上手だが、選挙区の空気などはまったく認識できない。興味すらないようだ。

選挙期間中の一日の流れに話を戻そう。選挙カーで選挙区をまわり終え、選挙事務所の本部に戻ってくるのは、たいてい夜十二時過ぎだ。しかも、すぐに帰れるわけではない。次の日に向けたミーティングが二時くらいまで続く。結局、睡眠時間は一時間程度ということになる。

しかも、昔は選挙事務所の電気を二十四時間付けておくようにと先輩秘書から言われていたため、スタッフは交代で選挙事務所で夜を過ごしていたから大変だった。地方の人は夜中でも構わずに電話をかけてくるから、おちおち寝てもいられない。

かつては、夜の見回りも秘書がしていた。今とは状況が違うが、中選挙区制の時代には同じ党内で得票を争っており、陣営間の選挙妨害も激しかった。落選はしないにしても、得票の順位が党内での出世に影響するものだから、互いに必死だったのだ。

夜回りをして、相手陣営がこちらのポスターを破ろうとしているのを目にしたりすれば、そこから大喧嘩。警察も呼んでの騒ぎになったことさえあった。

こうした不眠の日々が続き、私たち秘書がようやく時間を気にせず眠ることができるのは、投開票日の前夜になってから。投票日には自分も投票しなくてはならないため、前夜から解放されるのだ。このときばかりは、いつも爆睡してしまう。

翌日、自分の投票を済ませ、再びスタッフが選挙事務所に集まるのは午後四時ごろになる。そこから、投開票の結果を待つ会場をセッティングだ。議員や支援者は六時ごろから少しずつ集まってくるから、当選が見えている議員であれば、会場の雰囲気もだんだんと賑やかさを増していく。

賑わいがピークになるのは、やはり当確が出た瞬間だ。拍手が湧き起こり、議員本人が万歳をしてマイクで挨拶をはじめる。

その間、私たち秘書はゆっくり先生の話を聞いているわけにはいかない。裏手にまわり、東京にいる支援者に電話をつないで待機しておくのだ。そこからタイミングをみて先生本人に代わってもらい、お礼を述べてもらう段取りになっている。

当確が出た夜から、議員と秘書は、早速、地元の有力支援者への挨拶まわりを始める。すべての支援者に会うまでに、一日数十件こなしても二日間ほど必要だ。これが終われば、ようやく東京に戻れる状況になる。

東京に戻っても、特別国会がはじまるまでに東京の支援企業・団体などに挨拶まわりを済ませておく。手紙やメールで横着をするわけにはいかない。

国会議員が当選するまでには、多くの人の支援を受けている。後援会をはじめとして、選挙応援に来てくれた議員や支援団体。私たちスタッフも力を尽くしている。こういった支援に感謝せず、「自分の実力で当選した」などと思い込んでいる人間であれば、次の当選はないと覚悟しておいたほうがいいだろう。

第八章

国会議員に家庭の幸福はない

議員の家族

議員のほとんどは週末婚状態

国会議員になると、本人はもちろん、家族の生活も大きく変わることになる。もはや普通の家庭生活は望めなくなるだろう。なにしろ生活の大半を離ればなれで過ごすことになるのだ。

夫が国会議員として永田町にいる間、奥さんは地元に残される。しかも、ただ残っていればいいわけではない。夫が十分にできない地元の仕事を、名代として担わなければならないのだ。

独身の議員の場合は、親戚や地元秘書がその役割を担うことになるが、女性議員はともかく、男性の議員の奥さんが出ていかないと、「あそこの奥さんは何をやっているのか」という空気になってしまう。

地元のセレモニーや支持者の冠婚葬祭など、議員が出席を求められる場合は少なくない。本人が顔を出せればいいのだが、国会の期間中は週末くらいしか地元に戻れない。そこで「妻が出席します」ということになる。

そのほかにも、地元の後援会には奥さん連中がつくる女性部があり、その付き合いもある。だから国会議員の奥さんはフル回転。家事や子育てをしている時間などない。そうすると夫婦で会うチャンスは国会のない週末だけ。まさに週末婚だ。ところがそんな貴重な時間も付き合いのゴルフなどがあれば飛んでしまう。

国会議員に子どもが生まれるという話を聞くと、私は正直、「いつの間に？」と思ってしまう。それくらい夫婦がふたりきりで過ごせる時間はない。

長年政治家を続けていると、そんな生活も当たり前になっていく。そのためか炊事洗濯や身の回りのことを自分でできる議員は多く、さほど不自由はなさそうだ。

しかし、「これでも家族なのか？」という葛藤はあるのだろう。せめてもの罪ほろぼしなのか、毎年春と秋の二回、赤坂御苑で催される園遊会を重んじる議員は多い。園遊会には議員本人に加え、配偶者も出席できる。たった数日とはいえ、議員が家族と一緒にいられる貴重な時間となる。

少しまとまった時間をとれるときには家族旅行を計画するのも、よくある議員の行動パターンだ。もちろん海外旅行に行けるほどの時間的な余裕はなく、国内で数日が現実的だろう。このときばかりは、秘書も宿へ送り迎えするだけだ。そのほかは同行しないことにしていた。永田町からも地元からも離れ、ようやく手に入った家族水入らずの時間だから、邪魔をしたくなかったのだ。

「秘書にわからないことが妻にわかるわけがない」

私はこのような国会議員の家庭生活を見慣れているが、一般の人からすると異常に思われるかもしれない。バッジをつけた瞬間に家族まで公人として見られ、一気にプライバシーを失ってしまう。これは大変なことだ。

こうした家庭環境に思い悩んでも、議員の奥さんには相談できる相手もいない。一番話を聞いてもらいたい夫は近くにいないし、噂がどう広まるかわからないから地元の人に相談するのもはばかられる。悩みを打ち明けられるのは私のような東京にいる秘書だけだ。

私もよく、仕えた議員の奥さんから相談を受けてきた。進学の問題や、学校で起きたトラブルなど、いわゆる愚痴だ。だが、そのおかげで私も奥さんから信頼され、気にかけてもらうようになった。私の子どもが生まれたときにもお祝いをしてくれるなど、個人的にもお世話になった。

その奥さんから言われた言葉で、今でも忘れられないものがある。

昔、私が代議士のことで判断に迷う問題を抱えていたときのことだ。本人に相談することがはばかられる内容だったため、ひとまず奥さんに相談することにした。

そのとき奥さんは私に、「彼と私にとって、一番長く一緒にいるのはあなたなんだから。あなたにわからないことが、私にわかるわけないじゃない」と言ったのだ。実際そのとおりで、返す言葉がなかった。夫でも妻でも子でもなく、人生で最も長い時間をともにしているのが秘書だなんて、考えてみると寂しい話だ。

当選回数を重ね、長く政治家でいられるのは喜ばしいことだが、それは数十年という時間を家族が離ればなれで生きていくということでもある。国会議員と奥さんが家族らしく生活できる時間は、ほとんどない。

親が国会議員というだけで「いじめ」の対象に

秘書は議員の子どもの成長に触れる機会も多い。

世間的には、議員の子どもは恵まれていると思われているかもしれない。実はそんなことはなく、むしろ悲惨な場合が多い。

そもそも家庭環境が異常なのだ。普段の生活に父親がおらず、母親も地元の対応で忙しい。親子らしいふれあいを持てないまま、子どもは大きくなるわけだ。子どもの人格形成への影響は少なからずある。

子どもは、小さなころはそうした家庭の異常さに気がつかないだろう。しかし成長するにつれ否応なしに気がつく。さきほど議員の夫婦は〝週末婚〟状態だと書いたが、それは親子関係においてもまったく同じだ。

議員の子どもの成長を見聞きしていると、「この子はグレている」「この子は珍しく大丈夫」という極端な見方をしてしまう。それくらい問題を抱えた子どもは多い。国会議員の子は二世議員など活躍しているようなケースが多いと思われるかもしれないが、そうしたケースはむしろまれなのだ。

「荒れるのもわかる」と言いたくなるような現実もある。いじめの問題だ。

国会議員は、本音では自分の子を、小中高と私立の進学校に行かせたいと考えている。ところが実際は地元の公立校に通わせている。なぜか。「あの議員は子どもをいい学校に通わせている」「裏口入学じゃないか？」といった風評をおそれているからだ。

地方によっては、公立学校には私立に通うことのできない家庭の子が集まっていたりする。すると議員の子は、学校の中で〝浮いた〟存在になってしまう。私の認識では、そうなると確実にいじめのターゲットになる。

驚くことに、いじめのきっかけは学校の教師にあるとも聞く。議員の子たちは、別に自分から「議員の子です」と名乗っているわけではない。父親の職業を知る教師が差別をするから、いじめが始まるのだ。

「この子のお父様は国会議員だから、○○くんも将来偉くなるのよね？」

そんな言葉を、教師が他の生徒の前で投げかけるという。そうなると周りの子どももピンとくるはずだ。「こいつは特別なんだな」「からかってもいいんだな」と。教師の態度がそんな風だと、周りの同級生が「俺たちの金で暮らしているくせに、いい生活しやがって」と考え始めるのは時間の問題だ。

思い描いた親子になれないイラ立ち

いじめの問題は、将来にわたって悲惨な結果を生む。

私の知る代議士も、お子さんが思春期を過ぎるまで親子が接する機会はほとんどなかった。やはり学校でいじめを受けたこともあり、メンタルをやられて自宅に引きこもってしまっていた。ひどい話だ。

親の職業が国会議員だからといって、こんな目に遭うのは理不尽だと、私も思う。だが、現実に起きていることだ。中央から離れ地方の学校になるほど、いじめの問題は大きくなっていくようだ。

問題を抱えた親子関係は、子どもが成長してからも修復するのが難しい。

さきほどの代議士は、子どもが就職や進学で上京するタイミングで都内に小さな家を用意した。もちろん一緒に生活するためだ。新たな我が家で、ようやく親子の愛情を取り戻せる――。そう思いきや、期待はあっさりと裏切られた。相手は思春期を過ぎた十八歳くらいの娘だ。意思の疎通もロクにできなかったという。思い描いた親子になれないことを認識し、イラ立った代議士は娘さんに手を上げてしまったそうだ。

引きこもりや親子喧嘩くらいならマシなのかもしれない。なかには警察沙汰になるケースだってある。元総理の森喜朗先生の息子は、石川県議でありながら、酒気帯び運転でコンビニエンスストアに突っ込んで逮捕された。二〇一〇年のこの事件は大きく報道されたから、記憶にある人もいるだろう。

しかし、このように政治家の子どもの問題がおおっぴらに報道されるのは珍しい。選挙のためには自分の風邪さえ隠したいのが国会議員。身内のスキャンダルは何より怖い。是が非でも隠そうとするだろう。

それにしても、国会議員になったことで子育てに失敗し、育った子どものせいで議員生命が危うくなるというのは、因果応報ではあるが皮肉なものだ。

議員と秘書には親よりも強い絆がある

ある意味では、議員と秘書の関係も家族に近いものがある。

豊田真由子のようなパワハラ議員は別として、秘書は普通、議員を尊敬し、出世してもらいたいと心から願うものだ。私も最初に仕えた代議士のH先生のことは非常に尊敬していた。

まだ学校を出たばかりで、新人秘書だった私は、議員宿舎に泊まってH先生としばらく生活をともにした。いちはやく緊張感をとり払ってコミュニケーションができるようにという代議士の配慮だったが、最初はとにかく緊張した。

私と同じように議員と一緒に生活をする新人秘書はほかにもいて、家事手伝いのようなことをするケースもあったが、H先生は身の回りのことを自分でする人間だった。

「国会議員にならなければ板前になりたかった」というほどの料理の腕前で、地元から贈られた魚を三枚におろすなど、飯炊きから味噌汁から、全部やってくれた。洗濯も、私のパンツまで一緒にやってくれていたから、当時の私は恐縮しきりだった。今思えば恵まれた環境だったと思う。

あの時代から、H先生が政界を引退するまで、私はずっと秘書を務めさせてもらったわけだから、ずいぶん長い付き合いになった。

H先生は人間関係を非常に重んじる人で、まだ若かった私のことを、たえず気にかけてくれていた。私も先生を慕い、私が結婚を決意したときにも、自分の親よりも先に先生に報告したくらいだ。先生と私の絆は深かったと思う。

ひとつ、思い出深いエピソードがある。私がまだ秘書になりたてのころのことだ。

当時、私は毎日のようにH先生を乗せて車の運転をしていた。車はトヨタのロイヤルサルーン。高級車だ。

ある日の夜、その車に乗って神楽坂の料亭に送っていたのだが、道がとても細く、非常に緊張しながら運転していた。そんな私を見て、先生は「緊張しなくていいぞ。ゆっくり行って大丈夫だから」と声をかけてくれていた。ところが、案の定、曲がり角で壁にぶつけてしまったのだ。

H先生からは、「今日はタクシーで行くから、気をつけて帰りなさい」と言われ、私は警察の処理を済ませ、家に帰った。当然ながらクビになることを覚悟していたから、翌朝先生を迎えに宿舎に顔を出すのが憂鬱で仕方がなかった。おそらく顔面蒼白だったと思う。そんな私を見た先生が最初に言ったのは、「昨日は悪かったな。よく眠れたか」というものだった。

てっきり叱られると思っていたのに、意外にも一切お咎めはなかった。私から「弁償させてもらいます」と言うと、「何を言ってるんだ。今回は物で済んだけれど、人にぶつかっていれば大変なことになる。それを学んでくれればいいんだ」。そのとき私は、なんて寛大な人なんだと思い、この人についていくと決めたのだ。

この親父をなんとか出世させたい

国会議員と秘書の関係は、「白は白、黒は黒」の世界だといわれる。議員が言うことは正しく、秘書はただ議員の指示にしたがうもの。たしかにそういう面は否定できないが、実態は世間のイメージと違う。

私はクビになるのが怖くて議員の言うことにしたがっていたわけではなく、「この親父をなんとか出世させたい」と、本気でそう願っていたのだ。

仕えている議員が出世すると秘書も格が上がったような気分になる。たとえば議員が大臣になったりすると、事務所に出入りする企業や団体が大手になったり、有力者との付き合いが急に始まったりと、華々しい変化が起きる。秘書としては誇らしい気持ちになる瞬間だ。

議員と秘書は一蓮托生。だからこそ、ときには議員を守ろうとして自ら命を絶つ秘書も出てくるのだと思う。私の大先輩もそうだった。

当時はまだ中選挙区制、同じ自民党の議員でも得票数を争っていた時代だ。議員の裏には、それぞれに支援団体や企業があり、選挙の結果によっては支援者の生活が危うくなる。議員はそうした共同体を守ろうとし、非常に重いプレッシャーを背負うことになる。その重みを秘書も背負うことになるのだ。議員に何かスキャンダルが起きたときに、「議員を守るために自分が罪を被って死ぬ」と考えたとしても、理解できなくはない。

もちろん逆に、豊田真由子のケースのように、議員と秘書の関係が崩れてしまうこともある。H先生と最初から最後まで良い関係を続けることができた私は、幸運だったと思う。

最後、H先生の体が思わしくなくなってからも、ご家族と一緒にサポートを続けさせてもらった。

国会議員にとって、病気を周囲に知られることは命取り。「たとえ風邪をひいていても、絶対に言うな」「最悪の場合でも二日酔いでごまかせ」という教育を受けていた私は、病院に連れていくだけでも非常に気を遣った。カモフラージュのため、あえて公用車を残してタクシーで移動したり、一般の外来患者が入れない病院を探したり……。

入院することになっても、表向きは元気に活動していなければならない。通常業務を病院の中でやって、本当に体調が悪いとき以外は国会に出席する生活が続いた。

政治家として全うしたいというH先生の気持ちを、奥さんもよく理解していた。

このとき、奥さんと私が悩んだのが、健康保険の問題だ。国会議員は国民健康保険に加入しているが、病院で保険証を使うと通院の情報が市役所に伝わることになる。そこからH先生の病状が世間に広まりかねない。

結局、奥さんは保険証を使わないと決断した。医療費は全額負担。薬代や検査代など、相当な金額だったと思うが、すべて全額負担で支払ったのだ。

もちろんマスコミも何かの病気だと感づいていたと思う。それでも、H先生は病状を隠し通して、最後まで国会議員としての役目を果たした。

その後、政界を引退したH先生は、ようやく治療に専念できると思いきや、新たに外郭団体の長を任されてしまい、結局、ゆっくり静養することはできなかった。

議員の自殺は打たれ弱さも一因

引退した国会議員は、心身ともに急激に衰えるというのが私の実感だ。亡くなるのも早い。「選挙に勝とう」「出世しよう」と張り詰めていた緊張がなくなるせいだろうか。

病気であったり事故であったり、議員の最期はそれぞれだが、自ら命を絶ってしまう議員もいる。先の章でも触れたが、二〇〇七年には、多額の光熱水費を政治活動費に計上し、「ナントカ還元水」だと釈明して追及を受けた当時農林水産大臣の松岡利勝先生が、議員宿舎で首を吊り世間を騒がせた。

ある失態がマスコミに取り上げられ引退まで追い込まれたN先生も、自殺した議員のひとりだ。このときは、「奥さんが死因だ」という噂が流れた。失態に落ち込むN先生は、強気でイケイケの奥さんから過度なプレッシャーをかけられ、耐えかねて自殺したという。あくまでも噂話の範疇ではあるが。

国会議員が自殺すると、必ず陰謀論が囁かれる。しかし、「ナイーブな人が多いだけ」なのが真実だという気がしている。普段は威張っている国会議員だけに意外に思うかもしれないが、私が長年見るに、打たれ弱い議員は少なくない。とくに一番の信頼を置いていた人間の裏切りにはめっぽう弱い印象がある。

私たち秘書の間で有名なのは、S先生にまつわる話だ。S先生は、かつてある代議士の秘書として、事務所の金庫や支援者の名簿を管理していた。ところが、S先生が自ら出馬することになった際、秘書として管理していた金庫や名簿を自分のものにしてしまったというのだ。これは完全な裏切り行為である。

S先生が仕えていた代議士はその後自殺したが、その原因は秘書だったS先生の裏切りによる精神的ショックだと言われている。国会議員と秘書の絆は深く、ときには家族以上の信頼を置いているだけに、裏切られるのは相当なショックだったのだろう。

もちろん、なかには逆境に決して負けない議員もいる。衆議院議員の中村喜四郎先生は、ゼネコン汚職事件に絡む、公正取引委員会への口利きをした斡旋収賄罪容疑で逮捕され、実刑判決を受けた後に議員失職していながら、無所属でカムバックした。警察の取り調べでも完全な黙秘を貫いたというから、強靱なメンタルだ。

政治の世界には、さまざまな人の思惑があり、足を引っ張られることも少なくない。議員が志を全うするためには、信念がなくてはならないのだろう。

そういう意味では、私が仕えたH先生は、最後まで政治家として信念を貫くことができたのかもしれない。

私の先生の恵まれた最期

私が仕えた代議士の中で、その死まで見届けたのは、H先生ただひとりだ。すでに記したように、私は新人秘書の時代からずっと先生に仕えてきたわけだが、そのすべての時間が喜びに満ちていたわけではない。ときには退職願を出すほど思い悩んだこともあったくらいだ。

H先生は、政治家としての志を高く持っている人だったから、公設秘書となった私には厳しく当たることもあった。私設秘書のころには、「安い給料で朝から夜まで頑張ってくれているから」と、非常に優しく接してくれていたのだが、公設秘書になった途端、「お前は俺の分身なんだから、波長を合わせてくれ」と態度を変え、仕事への要求も高くなった。

地元で開く政治活動の企画などを先生に見せると、何度もやり直しをさせられた。先生が夜の会合を終えた後、十一時ごろになってから宿舎を訪ねて、記者さんたちとの情報交換が終わるのを待って企画の修正を持ち込んだこともある。それでも、「バカ野郎、なんでわからないんだ！」「こんなことで選挙に勝てると思っているのか」とダメ出しの怒号が飛んでくるから、夜通しやり直しの作業を続けた。

そんなことが重なり、たまりかねた私は、「辞めさせてもらいます」と退職願を出したのだ。そうすると、決まって先生は「わかった」と言ったきりで、普段の仕事に戻ってしまう。いくら待っても後任者の話が出てこないから、私は結局秘書の仕事を続けることになった。

やがてH先生から言われたのは、「十年以上この世界で一緒にやっているお前を、いくら辛いからって紙切れ一枚でほっぽり出すわけがないだろう」というものだった。

今になってみると、当時のH先生の気持ちはありがたかったと思う。私は先生から叱られながらも、「成長させたい」という愛情を感じていた。だからこそ、辞めずにここまで秘書を続けてこられたのだと思う。

そんなH先生も、政界を引退して、その後他界した。最後まで地元を大切にしていた。それは自分自身の葬儀においてさえだ。国会議員が亡くなると、自民党の場合は青山葬儀所でも葬儀が執り行われるものだが、H先生の場合は、本人の生前のたっての希望により地元のみで行った。

葬儀の当日は、久しぶりに昔の後援会の面々が集まり、懐かしい再会の場となった。党からは幹事長をはじめとして、幹部やH先生が生前に付き合いのあった代議士がたくさん来てくれて、盛大に執り行うことができた。

多くの人から慕われながら、H先生は政治家としての生涯を全うすることができた。スキャンダルで政界を去る、あるいは志半ばで自殺に追い込まれる議員もいるなか、恵まれた最期だったと思う。

ただ、今になって頭をよぎることがある。「先生は本当に満足して亡くなったんだろうか」ということだ。

生活のすべてを政治に捧げた人生だった。結婚して最初の五年くらいは夫婦で暮らしていたが、あとはずっと国会議員として永田町で単身の生活。家族らしい時間や自分だけの時間をほとんど持てないまま、人生を終えた。その気持ちは計り難いものがある。

「先生、お幸せでしたか？」

そう、質問してみたかった。もちろん、聞けるはずもなかった。

あとがき　議員の皆さん、政治改革って何だったのですか？

秘書だけが知っている国会議員のリアルな姿をお見せすることで、日本の政治がどんなふうに動いているのかを伝えたいと考えて、ここまで書いてきた。現在の政治システムがどんな問題を抱えているのか、少しでも浮き彫りにできたのではないかと思う。

本書でも記したように、現在の公募制度は、国会議員としての資質のない人間にまで党の公認を与えるものになっている。国会議員は、国民の選挙により公正に選ばれた人間だという建前だが、候補者自身に資質がないのだとすると、誰を選んでみても何も変わらない。投票率が下がってしまうのも、無理からぬというものだ。

この公募制度も、政治改革の一環として導入されたものである。

かつて、世襲議員がまるで犯罪者のように言われ、もっと広く公募して、資質のある人間を政治家にしようという大義があったはずである。しかし、今になってみると、世襲議員よりもはるかに資質のない人間が国会議員になってしまっているわけだから、皮肉としか言いようがない。

政治改革とは、既存のシステムを変えることで、よりよい政治を実現させるものであるはずが、結局、耳触りのよい、小手先だけの政治改革でしかなくなってしまっている。そもそも、抜本的な解決ができていれば、今のように多くの国会議員は必要なくなるはずだ。

私は、真に意味のある政治改革を実現するためには、投票により国会議員を選ぶ権利のある有権者に、国会議員の実情を知ってもらう必要があると考え、本書を記した。

本書が、志のある人間が国会議員になって活躍できるような政治改革につながってくれることを、希望している。

二〇一八年二月　畠山宏一

畠山宏一－東京都出身。1985年から30年以上にわたり衆参両院の国会議員の秘書を務める。

講談社+α文庫 プロ秘書《ひしょ》だけが知《し》っている永田町《ながたちょう》の秘密《ひみつ》

畠山宏一《はたけやまこういち》

2018年2月20日第1刷発行

発行者――――鈴木 哲
発行所――――株式会社 講談社
東京都文京区音羽2-12-21 〒112-8001
電話 編集(03)5395-3522
販売(03)5395-4415
業務(03)5395-3615

デザイン――――鈴木成一デザイン室
カバー印刷――凸版印刷株式会社
印刷――――慶昌堂印刷株式会社
製本――――株式会社国宝社
本文データ制作――講談社デジタル製作

落丁本・乱丁本は購入書店名を明記のうえ、小社業務あてにお送りください。
送料は小社負担にてお取り替えします。
なお、この本の内容についてのお問い合わせは
第一事業局企画部「＋α文庫」あてにお願いいたします。
Printed in Japan ISBN978-4-06-220920-5
定価はカバーに表示してあります。

講談社+α文庫 Ⓖビジネス・ノンフィクション

すごい会社のすごい考え方
夏川賀央
グーグルの奔放、IKEAの厳格……選りすぐった8社から学ぶ逆境に強くなる術！
619円 G 236-1

6000人が就職できた「習慣」 自分の花を咲かせる64ヵ条
細井智彦
受講者10万人。最強のエージェントが好不況に関係ない「自走型」人間になる方法を伝授
743円 G 237-1

早稲田ラグビー 黄金時代 2001－2009 主将列伝
林 健太郎
清宮・中竹両監督の栄光の時代を、歴代キャプテンの目線から解き明かす。蘇る伝説!!
838円 G 238-1

できる人はなぜ「情報」を捨てるのか
奥野宣之
50万部大ヒット『情報は1冊のノートにまとめなさい』シリーズの著者が説く取捨選択の極意！
686円 G 240-1

憂鬱でなければ、仕事じゃない
見城 徹
藤田 晋
日本中の働く人必読！「憂鬱」を「希望」に変える福音の書
650円 G 241-1

絶望しきって死ぬために、今を熱狂して生きろ
見城 徹
藤田 晋
熱狂だけが成功を生む！ 二人のカリスマの生き方そのものが投影された珠玉の言葉
650円 G 241-2

新装版「エンタメの夜明け」 ディズニーランドが日本に来た日
馬場康夫
東京ディズニーランドはいかに誕生したか。したたかでウイットに富んだビジネスマンの物語
700円 G 242-2

箱根駅伝 勝利の方程式 7人の監督が語るドラマの裏側
生島 淳
勝敗を決めるのは監督次第。選手の育て方、10人を選ぶ方法、作戦の立て方とは？
700円 G 243-1

箱根駅伝 勝利の名言 監督と選手34人、50の言葉
生島 淳
テレビの裏側にある走りを通しての人生。「箱根だけはごまかしが利かない」大八木監督(駒大)
720円 G 243-2

うまくいく人はいつも交渉上手
齋藤 孝
射手矢好雄
ビジネスでも日常生活でも役立つ！ 相手も自分も満足する結果が得られる一流の「交渉術」
690円 G 244-1

＊印は書き下ろし・オリジナル作品

表示価格はすべて本体価格(税別)です。本体価格は変更することがあります

講談社+α文庫 Ⓖビジネス・ノンフィクション

誰も戦争を教えられない　古市憲寿
社会学者が丹念なフィールドワークとともに考察した「戦争」と「記憶」の現場をたどる旅
850円 G 256-1

絶望の国の幸福な若者たち　古市憲寿
「なんとなく幸せ」な若者たちの実像とは？メディアを席巻し続ける若き論客の代表作！
780円 G 256-2

今起きていることの本当の意味がわかる　戦後日本史　福井紳一
歴史を見ることは現在を見ることだ！　伝説の駿台予備学校講義「戦後日本史」を再現！
920円 G 257-1

しんがり　山一證券 最後の12人　清武英利
'97年、山一證券の破綻時に最後まで闘った社員たちの物語。講談社ノンフィクション賞受賞作
900円 G 258-1

奪われざるもの　SONY「リストラ部屋」で見た夢　清武英利
『しんがり』の著者が描く、ソニーを去った社員たちの誇りと再生。静かな感動が再び！
800円 G 258-2

日本をダメにしたB層の研究　適菜収
いつから日本はこんなにダメになったのか？——「騙され続けるB層」の解体新書
630円 G 259-1

Steve Jobs スティーブ・ジョブズ Ⅰ　ウォルター・アイザックソン　井口耕二 訳
あの公式伝記が文庫版に。第1巻は幼少期、アップル創設と追放、ピクサーでの日々を描く
850円 G 260-1

Steve Jobs スティーブ・ジョブズ Ⅱ　ウォルター・アイザックソン　井口耕二 訳
アップルの復活、iPhoneやiPadの誕生、最期の日々を描いた終章も新たに収録
850円 G 260-2

ソトニ 警視庁公安部外事二課 シリーズ1 背乗《はいの》り　竹内明
狡猾な中国工作員と迎え撃つ公安捜査チームの死闘。国際諜報戦の全貌を描くミステリ
800円 G 261-1

完全秘匿 警察庁長官狙撃事件　竹内明
初動捜査の失敗、刑事・公安の対立、日本警察史上最悪の失態はかくして起こった！
880円 G 261-2

＊印は書き下ろし・オリジナル作品

表示価格はすべて本体価格（税別）です。本体価格は変更することがあります

講談社+α文庫 Ⓖビジネス・ノンフィクション

ザ・粉飾 暗闘オリンパス事件 山口義正
調査報道で巨額損失の実態を暴露。ジャーナリズムの真価を示す経済ノンフィクション！ 650円 G 286-1

マルクスが日本に生まれていたら 出光佐三
出光とマルクスは同じ地点を目指していた！〝海賊とよばれた男〟が、熱く大いに語る 500円 G 287-1

完全版 猪飼野少年愚連隊 奴らが哭くまえに 黄民基
真田山事件、明友会事件――昭和三十年代、かれらもいっぱしの少年愚連隊だった！ 720円 G 288-1

サ道 心と体が「ととのう」サウナの心得 タナカカツキ
サウナは水風呂だ！ 鬼才マンガ家が実体験から教える、熱と冷水が織りなす恍惚への道 750円 G 289-1

新宿ゴールデン街物語 渡辺英綱
多くの文化人が愛した新宿歌舞伎町一丁目にあるその街を「ナベサン」の主人が綴った名作 860円 G 290-1

マイルス・デイヴィスの真実 小川隆夫
マイルス本人と関係者100人以上の証言によって綴られた「決定版マイルス・デイヴィス物語」 1200円 G 291-1

アラビア太郎 杉森久英
日の丸油田を掘った男・山下太郎、その不屈の生涯を『天皇の料理番』著者が活写する！ 800円 G 292-1

男はつらいらしい 奥田祥子
女性活躍はいいけれど、男だってキツイんだ。その秘めたる痛みに果敢に切り込んだ話題作 640円 G 293-1

永続敗戦論 戦後日本の核心 白井聡
「平和と繁栄」の物語の裏側で続いてきた戦後日本体制のグロテスクな姿を解き明かす 780円 G 294-1

*雀り合い 六億円強奪事件 永瀬隼介
日本犯罪史上、最高被害額の強奪事件に着想を得たクライムノベル。闇世界のワルが群がる！ 800円 G 295-1

*印は書き下ろし・オリジナル作品

表示価格はすべて本体価格（税別）です。本体価格は変更することがあります

講談社+α文庫 Ⓖビジネス・ノンフィクション

＊印は書き下ろし・オリジナル作品

書名	著者	内容	価格	番号
証言 零戦 生存率二割の戦場を生き抜いた男たち	神立尚紀	無謀な開戦から過酷な最前線で戦い続け、生き延びた零戦搭乗員たちが語る魂の言葉	860円	G 296-1
証言 零戦 大空で戦った最後のサムライたち	神立尚紀	零戦誕生から終戦まで大空の最前線で戦い続けた若者たちのもう二度と聞けない証言！	950円	G 296-2
証言 零戦 真珠湾攻撃、激戦地ラバウル、そして特攻の真実	神立尚紀	特攻機の突入を見届け続けたベテラン搭乗員の真情。『証言 零戦』シリーズ第三弾！	1000円	G 296-3
＊紀州のドン・ファン 美女４０００人に30億円を貢いだ男	野崎幸助	50歳下の愛人に大金を持ち逃げされた大富豪。戦後、裸一貫から成り上がった人生を綴る	780円	G 297-1
＊政争家・三木武夫 田中角栄を殺した男	倉山満	政治ってのは、こうやるんだ！「クリーン三木」の実像は想像を絶する政争の怪物だった	630円	G 298-1
ピストルと荊冠 〈被差別〉と〈暴力〉で大阪を背負った男・小西邦彦	角岡伸彦	ヤクザと部落解放運動活動家の二足のわらじをはいた〝極道支部長〟小西邦彦伝	740円	G 299-1
テロルの真犯人 日本を変えようとするものの正体	加藤紘一	なぜ自宅が焼き討ちに遭ったのか？「最強最良のリベラル」が遺した予言の書	700円	G 300-1
＊院内刑事	濱嘉之	ニューヒーロー誕生！患者の生命と院内の平和を守る院内刑事が、財務相を狙う陰謀に挑む	630円	G 301-1
田舎のパン屋が見つけた「腐る経済」 タルマーリー発、新しい働き方と暮らし	渡邉格	マルクスと天然麹菌に導かれ、「田舎のパン屋」へ。働く人と地域に還元する経済の実践	790円	G 302-1
「オルグ」の鬼 労働組合は誰のためのものか	二宮誠	労働運動ひと筋40年、伝説のオルガナイザーが「労働組合」の表と裏を本音で綴った	780円	G 303-1

表示価格はすべて本体価格（税別）です。本体価格は変更することがあります